数字时代的公共外交

对话录

主　编：陈雪飞
副主编：欧　亚/任远喆

时事出版社

图书在版编目（CIP）数据

数字时代的公共外交对话录/陈雪飞主编．—北京：
时事出版社，2016.11
ISBN 978-7-5195-0048-1

Ⅰ．①数…　Ⅱ．①陈…　Ⅲ．①外交理论—研究
Ⅳ．①D80

中国版本图书馆 CIP 数据核字（2016）第 236734 号

出 版 发 行：时事出版社
地　　　址：北京市海淀区万寿寺甲 2 号
邮　　　编：100081
发 行 热 线：（010）88547590　88547591
读者服务部：（010）88547595
传　　　真：（010）88547592
电 子 邮 箱：shishichubanshe@ sina. com
网　　　址：www. shishishe. com
印　　　刷：北京市昌平百善印刷厂

开本：787×1092　1/16　印张：12　字数：120 千字
2016 年 11 月第 1 版　2016 年 11 月第 1 次印刷
定价：55.00 元

编者序

自2001年“9·11”事件之后，公共外交的重要性愈加凸显，而与以往公共外交的不同之处就在于，伴随世界范围内数字技术的发展与普及，特别是社交媒体这类即时信息传播和交流平台的涌现，互联网技术的应用在其中正发挥着不可替代的作用。由此，以新媒体为主要媒介，其主体、客体、手段和形式不断延展的新公共外交日益提上日程，不仅成为国内外理论研究的热点，而且成为各个国家探索新型外交实践的重要切入点。

正是在这一背景下，外交学院外交学与外事管理系联合外交学院公共外交研究中心举办了一期以“大数据时代的公共外交与中国软实力建设”为题的研讨会，国内多所著名高校和研究机构的相关学者与会参与了研讨。外交部公共外交办公室的负责人员和工作人员也参加了此次会议，并就外交部借助数字平台开展的公共外交活动及其所面对的困难和挑战与学界人士进行了热烈的讨论。此次会议以“大数据”为题，但与会嘉宾并未局限于此，而是以更为宽泛的“数字时代”为背景，集中讨论了“在这一背景下外交出现了哪些转型”、“公共外交又有哪些新的理论与实践”以及“中国如何更好地借势建设自身的软实力”三大议题。学者们在此次会议上碰撞出了思想的火花，对很多前沿问题进行了深入的思考。

为了能与更多的学者进行对话，让更多学者参与探究这一课题，我们最终决定将整个会议中嘉宾们的发言和论辩结集出版，并将之命名为《数字时代的公共外交对话录》。之所以采用“对话录”为题，主要考虑到它并非一本严格意义上的论文集，而更多的是学者和学者之间，以及学者们与自身之间的对话与追问。正如很多学者所言，自己的发言可能“并不成熟”，但它代表的是自己对“数字时代到底会给我们带来什么”这样一种疑问的持久探寻。

与最初的会议议题相对应，本书主要包括三大板块：“数字时代与外交转型”、“数字外交的理论与实践”以及“数字时代中国软实力的建设”。

数字时代其实是电子信息时代的代名词，因为电子信息都是用机器语言，也就是数字来代表的。它的典型特征是大量信息的生产与即时传输。这一点对人类产生了广泛的影响——无论是你的生活方式还是生产方式，甚至包括外交方式，而且不仅是外交的实践，还有对于外交的研究。第一板块“数字时代与外交转型”就是针对这一问题的回应。北京大学的张清敏教授指出，在数字时代，外交的概念、行为体、规范和制度都发生了一些改变，但无论如何变化，外交的“和平”本质始终如一，正是在这一设定下，他强调数字媒体、大数据等等这些现代技术只是“器”，外交部门应该坚守自己的“道”。外交学院的袁南生教授则结合自己曾任驻外总领事的经历，提出数字平台、数据信息等等为公共外交的发展提供了新的契机，它们令一国开展的公共外交更具针对力、影响力和管控力。北京外国语大学的周鑫宇副教授结合他们公共外交研究中心开展的两个项目指出，对于公共外交的效果评估而言，以数字技术为基本依托的大数据可以拓展我们的研究空间，但就公共外交的实际效果，即在他国最终促成有利于本国的政策行为来说，这是依靠大数据无法打开的通路，重要的还在于抓住该国的关键少数，而这一点需要我们踏下心来做深入的国别“社会”研究。对外经济贸易大学的董青岭副教授分享了他对大数据概念的理解，并以他们大数据国际关系研究中心正在开展的项目为案例，向大家展示了如何利用大数据去“探测”哪些因素会对世界上一些主要国家的战略影响力产生作用。大数据是否会改变先假设再验证的传统思路，并代之以建模和随机扫描来发现研究奇点？这个题目是否有解，尚待更多的争论与探究。

数字外交、数码外交、数字化外交，英文 digital diplomacy，以其即时性、直接性、包容性等特征，显然已成为当下极为流行的概念，但似乎尚没有一个令各方都满意的统一界定，正如“公共外交”

一样，迄今仍颇具争议。就本书的题旨而言，我们强调的是借用数字平台所开展的公共外交，但这句话似乎又可以进行多面的解读。所以在“数字外交的理论与实践”板块，我们看到天津师范大学的王存刚教授和外交学院的任远喆副教授都尝试对这一概念进行梳理。王教授注重广义的数字外交，并基于各国的经验，展望了数字外交未来的发展趋势。他还特别强调，“数字”是把双刃剑，重在看国际行为体理念和诉求的善恶。任老师则主要从狭义数字外交的角度，展示了各国借用数字化的工具和技术所开展的各种外交活动。他还专门提及我国很多研究都跟在西方后面，所以有必要掌握和平衡数字外交的普遍性与独特性，以结合中国自身的情况，探讨中国特色的数字外交。北京师范大学的张洪忠教授和外交学院的欧亚副教授则从各自所做的实证研究入手，展现了我们借助新媒体对外传播自身形象的困境。张教授挖掘了我国十家中央级媒体在国外著名的社交软件如脸书（Facebook）和推特（Twitter），以及数据平台如谷歌（Google）和维基百科（Wikipedia）中2015年全年的数据，直观地展示了我国与其他国家的重要媒体在影响力方面的差距。可以说，我们想要在国际新媒体平台上赢取空间，尚需要意识层面的巨大转变。欧老师同样用调查数据展示了我们以大众传播做公共外交遇到的渠道失灵及框架失效的问题。她指出，随着数字技术对个体的赋权，我国已经进入一个众媒时代，这当然拓展了我国传播自身的空间，甚至拓展了我们对他国民众进行政治动员的可能性，但它同时要求利用这些平台的涉外工作人员具备更为专业的素养。显然，新媒体在数字外交中扮演了极为重要的角色，但它的影响力又有多少呢？有学者认为借助新媒体开展的外交所能影响的只是那些短期产生的高热点问题，而对那些需要长期跟踪、长期渗透的国际问题往往无能为力。这是否是新媒体外交的软肋？因此，如何推进新媒体外交与受众之间的长期关系成为一个极富意义的话题，希望更多的学者能参与其中，贡献智慧。

围绕数字、数据、网络、新媒体这些概念还有一个非常核心的论题，即文化安全与软实力的建设。学者们已经指出，随着数字时代的发展，“地缘政治”正进入一个“心灵政治”（noopolitik）的时代。当数字网络割裂了国家与国家、民族与民族、地域与地域之间的界限，在形式上用“节点”与“边”将世界连成一体时，多元的政治、经济和文化到底如何在这个一体世界中共处？阿尔温·托夫勒（Alvin Toffler）在《权力的转移》（*Power Shift*）一书中曾指出：世界已经离开了暴力和金钱控制的时代，而未来世界的魔方将控制在拥有信息强权的人手里；他们会用手中掌握的网络控制权、信息发布权，利用英语这种强大的文化语言优势，达到暴力、金钱无法实现的目的。因此，在一个数字技术所搭建的地球村和“虚拟国际社群网”里，如何保障网络主权、文化安全，如何通过软实力的建设确保文化领导权，都变得越来越重要。这也是我们设立“数字时代中国软实力的建设”这一板块的初衷。

在这一板块中，上海美国问题研究所的倪建平研究员与中国人民大学的钟新教授不约而同地把关注点指向了媒体人。前者强调我们的媒体人“走出去”投身公益事业；后者强调外国的媒体人“走进来”，通过加深理解增进情感。媒体是实现不同国家“民心相通”的敲门砖，很多时候我们是通过媒体人塑造的“拟态环境”去认知他人，甚至了解自己的。无论是借助传统媒体还是新媒体，媒体人都在塑造一国形象、展现一国价值观方面发挥着不可替代的作用。外交学院的姚遥副教授呼应了前面张清敏教授的观点，他认为数字技术并未给外交带来根本性的变革，它只是公共外交的一个新手段，所以它只是“术”，而以外交政策等为内容的一国的软实力才是“道”，因此只有把重心放在对中国外交理念和外交政策的再确认上，才能够使数字外交在中国发挥更大的作用。重庆大学人文社会科学高等研究院的唐杰老师，依托于他刚刚翻译的著作《数字民主的迷思》介绍了数据收集、分析与展示的方法。当然很重要的是书中用实证数据展现的一个显见的结论，数字平台有着典型的集聚或者说垄断的趋势，正如前文托夫勒所言，“未来世界的魔方将控制在拥有信息强权的人手里”，这是一个戳中要点的提醒。最后中国人民大学的张广生教授讨论了新媒介运用过程中国家合法性的问题。他提到互联网包含物理层、内容层和代码层，而最根本的物理层也就是根服务器都掌握在以美国为代表的西方国家那里，所以就信息竞争而言，我们从源头上就是被动的。因此在数字时代，我们软实力的建设、话语权的争夺可能更多是防御型的。当然，如果脱离这个技术，以内容为王，我们的软实力到底在哪里？王教授认为核心在于我们儒法文明的传统和新中国的发展模式，他同时提出了我们应该把小康和大同的高贵社会理想联系在一起的三个百年的构想。综合来说，数字时代的公共外交，对于主权国家而言，既是机遇，也是挑战，如何因势利导，善加运用，通过软实力的建设突破网络空间的信息霸权与文化霸权，以及如何构建有效的公共外交模式与机制，都需要更多扎实的理论研究和经验研究。

数字时代方兴未艾，数字技术还在不断突破，Web3.0 已经上路。Web3.0 即语义网（the Semantic Web），其主要的特征在于理解意义，比如在搜索中自动替换不可知的匹配词，或者说它可以在没有人类介入的情况下自行交换知识，很多人也把它称为人工智能。技术似乎可以无限延展人类的能力，但在技术的背后人类如何更有效或者更友善地利用技术，这依然是个未尽的话题……

最后，感谢各位作者的参与，感谢外交学院诸位老师对我们工作的大力支持。我们的工作，包括之前会议的召开，以及本文集的出版获得了“中央高校基本科研业务费专项资金”和“高等学校深化教育教学改革项目资金”的资助，特此致谢。

陈雪飞

2016 年 8 月 8 日

目录

Contents

议题一

数字时代与外交转型

议题二

数字外交的理论与实践

议题三

数字时代中国软实力的建设

议题一　数字时代与外交转型

主持人：唐　晓[1]

发言人：袁南生　董青岭　周鑫宇　张清敏

讨论人：熊　炜

主持人：感谢各位嘉宾专程赶来参加由外交学院外交学与外事管理系和外交学院公共外交研究中心共同组织、主办的“大数据时代的公共外交与中国软实力建设”研讨会。今天这个会议既和我们所处的这样一个时代合拍，同时对于外交政策以及外交理论的发展而言颇具意义，而对我们外交学院外交学一流学科建设也具有极大的推动作用，因此我由衷地感谢大家的大力支持。下面我们就进入会议的第一个议程：数字时代与外交转型。这一环节共有四位发言人，首先有请外交学院的党委书记、曾任驻旧金山总领馆总领事的袁南生教授发言。他发言的题目为“数字时代与公共外交”，有请袁大使。

---

① 唐晓，外交学院外交学与外事管理系教授、系主任。

数字时代与公共外交

袁南生[1]

各位老师、各位专家、各位朋友，今天你们的到来给外交学院带来了灵气，带来了喜气，带来了福气，谢谢大家。大数据时代的公共外交研讨会今天在外交学院举行，我代表外交学院党委，代表秦院长欢迎大家的到来，预祝我们这次研讨会圆满成功，同时也趁这个机会把我对这个问题的一些感受和思考跟大家报告一下。

我是 2014 年 11 月 19 日来外交学院工作的，此前在旧金山总领馆担任大使衔总领事，在那里公共外交、新媒体和大数据都是我们在对外交往工作中撇不开的问题。我的感受就是，如何处理数字时代的外交，对于我们推进公共外交，完成整体外交非常重要。我想从实践的角度谈谈我的体会，因为从理论的角度谈，从大视角谈，那是各位专家的事，我是从小的视角出发，谈点亲身经历的事情。

---

① 袁南生，外交学院党委书记、副院长，曾任驻旧金山总领馆总领事。

对此，我有三点感受。第一点感受就是要利用数据分析增强公共外交的针对力，也就是针对性。虽然公共外交的提法时间不长，但实际上公共外交的历史已经很长了。比如我是 2000 年调到外交部的，迄今已 16 年了，那个时候我就感觉我们已经很重视公共外交了，只是还没有公共外交的提法，不过我们当时开展的公共外交活动都太缺乏针对性。2002 年，我是中国驻孟买的总领事，在我之前是老外交官黄权衡同志在做总领事，在他的任期内就发生过一件事情，当然这个事情跟他本身无关，是中国京剧院到孟买演出，结果全场观众仅 32 个，演员比观众还要多。京剧院去演出是不是公共外交？当然是，但这个成本就太大了。为什么会出现这种情况，这跟我们在大数据时代掌握的信息渠道不畅有关。这样的事情发生在 15 年前，那最近有吗？

我再讲一件事情。大家都知道国内投拍的《建党伟业》《建国伟业》要到美国上映，我们要把这样的节目作为公共外交的一个抓手。电影拿到美国的一个大城市，我们花钱请电影院放映，并发票请人去看。电影院可是到时候就放，有没有人看可不是它的事情，结果有一天晚上就一个人也没有。一个人都没有，这就是没有针对性。当然，并不是所有中国节目走出去都会这样，我们也创造过一个奇迹，而这个奇迹的创造就跟数据分析分不开。

中央电视台连续十二三年春晚的总导演赵安就导过一个节目，叫《熊猫中国风情秀》。这个节目是典型的传播中国文化的一档节目。它最大的特点就是把中国传统文化中所有好的东西都揉到一块儿了。这个节目讲了一个故事：有一只熊猫要结婚了，而这个熊猫太太非常漂亮，就被抢走了。这只熊猫为了把太太抢回来，找孙悟空去学本事，到少林寺去学武功，然后千方百计地把太太抢了回来，抢回来后就以“好一朵茉莉花”这首好听的歌庆祝结束。在这个剧目里面，我们那些传统文化里的好东西都融在其中了，包括四川的变脸、翻筋斗等等，也就是说一台节目把中国文化的精髓都融合到了一起。不过这个节目要走出去是有很大风险的，因为它是民营的，完全要自掏腰包，但演员都是一流的，是天津杂技团、中国歌舞团等组成的一个班子。那要如何运作呢？拉斯维加斯有一百多个剧场，有很多的游客，我们就决定先对拉斯维加斯进行一个调查。我们通过调查和数据分析，最后决定把全世界的文艺之都拉斯维加斯最大的剧场帕拉佐租下来，票价 100 美金一张，天天晚上演，连演了 238 场，创造了中国戏剧在同一个地方天天演出的记录。因为那里的游客是天天换的，如此受欢迎，也说明我们的确演得好。我们也不断地进行数据搜集，美国总共有 56 家报刊、电台报道了演出，都是交口称赞，所以连演了 238 场，不同凡响。我们国内组织第一流的明星到美国去演，一般最多演五场，旧金山演一场，芝加哥演一场，纽约演一场，还有休斯敦、洛杉矶各演一场，每次国家投资都是几十万，一个地方演一场，看的人主要是华人华侨。而且有一次一些明星在旧金山演出时，剧场几十个 VIP 座位还全是空的，没有人，为什么呢？我后来了解到，因为票面上印了票价 120 美金，官员、政要没有一个人去，旧金山市长解释说，“我来就涉嫌受贿了，你们的票价标明120美元，我来看演出，你肯定还会录像，还会报道，在美国收30美金以上就涉嫌受贿，录像报道就证据确凿了”。这样，人家很自觉就不来了。我觉得即使都来了，一个地方也是演一场，而且国家的投入很大，但是赵安这个节目连演238场，国家没有掏一分钱。中央电视台后来对此进行了专门报道。演出结束以后，2015年春节，这台节目又到联合国演了一个晚上，国家也是没有掏一分钱。我讲这个例子就是为了说明，在大数据时代要明白，数据调查、数据分析将促使我们的公共外交更有针对性。

第二点，利用数字技术来增强公共外交的影响力，主要是指我们借助那些数字媒体平台拓展影响力。这一点要感谢外交部新闻司让驻旧金山总领馆成为全球第一个试点，设立脸书官方网页。我们是第一家在脸书设立官方网页的驻外总领馆，这样我们的信息就可以依靠脸书这个平台传递出去，这是非常重要的。要做到这一点需要解放思想，外交部让我们做这个试点，而且经常指导我们，这的确很不容易。旧金山有四五十个国家的总领馆，绝大多数都在脸书上设有官方账号。一开始我们馆的账号粉丝是最少的，几个月以后，我们成为粉丝最多的官方账号，这样我们需要有什么政策宣示，需要有什么舆论导向，我们想把什么东西告诉美国人，告诉我们的读者，就在我们的官方网页发表，脸书自然就帮我们都传递出去了，它的效果非常好。这是部里解放思想的一个重要行为，部里解放思想首先就是信息传播解放思想。脸书总部在硅谷，脸书的负责人也经常到我们那里参与一些活动。

第三点，利用数据信息增强对意外和危机的管控力。我讲了三个力，一个是针对力，一个是影响力，最后一个就是管控力。危机外交和公共外交是连在一块儿的，发生危机、意外以后，处理不好，会酿成大的公共外交危机事件。我们在旧金山也遇到了几次大的应对危机的事情，比如韩亚空难。我们在应对韩亚空难的时候，就深深地感受到利用数字平台的重要性。

当时应对韩亚空难，对我来讲是一个天大的挑战。第一，我去那儿还没有一百天就发生了韩亚空难。第二，发生的时间是美国独立日的长假期间，美国没有人，总领馆也没有人。第三，最紧要的是飞机上有142名中国旅客，其中八十几个人受伤、住院，这些旅客当中有58个小孩，也就是中学生。坦率地讲，要是没有网络，没有数字平台，这个问题将很难处理。我们利用网络与旅客家属保持互动，通报情况，实践证明效果非常好。我们连续两三个月积极应对这个危机，最后把这次应对危机事件做成一次成功的公共外交。大家想一想，美国的媒体多发达，当时几十万条媒体检索信息当中，都是表扬中国救援的，没有一条负面评价，为什么会这样？我觉得跟我们利用数字平台做好公共外交分不开。

我们在人类空难的救助史上，利用数字平台推出来一个新举措，也就是在我们总领馆的网页上推出来一个专栏，把每一个活着的中国旅客的名字登出来。142个中国旅客在飞机上，至少有142个家人会打电话到总领馆来，即使我们安排专人接听，也就那么几部电话。后来就有一位外交官提出来，利用互联网发布救助信息，找到一个活着的旅客就登一个。后来，不仅那些乘客的家属在关注这个信息，中央办公厅、国务院办公厅、教育部、浙江省政府都在关注。为什么？因为小孩子都是浙江的，几十个小孩是江山中学的。通过这个事件，我深深感受到借助网络开展公共外交的重要性。不过它也给我们带来一个“小麻烦”，有 28 个人两三天也没登录信息，结果国务院办公厅打来电话，中南海打来电话，问还有 28 个人呢？这 28 个人一是护照放在自己身上，二是没有受伤，直接出关了，我们也不知道他们去了哪里。那么怎么办？因为是韩国的飞机，我们就通过韩国总领馆，让他们把在韩国首尔机场登机的护照信息全部传过来，根据护照上的户籍信息大概确定他们是不是这次空难飞机上的乘客，然后再把这些信息发到公安厅去，让公安厅查，一查他们都健在，我们就一一地把他们的信息登录出来。这就是我讲到的第三个感受。

总之，我的整体感受就是，我们的时代越发展，公共外交就越重要，而公共外交也越来越与数据信息分不开。今天，研究大数据与公共外交的专家、学者都来到外交学院，一方面我是来转达外交学院对大家的欢迎和问候的，另一方面想和大家学点真经。我就先讲这些，谢谢大家。

主持人：感谢袁书记通过自己亲身的外交实践经历，跟我们讲了三点他的感受和认识：第一是利用数据分析增强公共外交的针对性；第二是利用数字平台增强公共外交的影响力；第三是应用数据信息增强针对意外危机事件的管控力。他虽然讲的点不多，但都是亲身的外交实践，给我们留下了非常深刻的印象，而且事实本身也非常具有说服力，谢谢袁书记。

接下来，有请对外经济贸易大学国际关系学院副教授董青岭发言。他发言的题目是“大数据与世界主要国家国际战略影响力分析”，谢谢。

大数据与世界主要国家国际战略影响力分析

董青岭①

谢谢唐老师！我本人是外交学院毕业的，学国际关系，后来在国家信息中心做数据科学方面的博后，所以我是文科的博士，工科的博后，现在做学科交叉研究。我现在负责我们学院大数据国际关系研究中心的运行，2014 年 12 月这个大数据中心开始运行，2016 年 1 月正式挂牌。我们现在建的这个大数据国际关系中心，主要致力于国际关系和政治学领域内大数据的挖掘、搜索、清洗、建模以及数据可视化服务，目前已经完成几个大的项目。我准备的这份报告《世界主要国家国际战略影响力关联指数》是我们一个实验建模的样板，还非常不成熟，请大家多多批评指正。我们中心目前是一个全球性的协作模式，参与成员分批次累积下来有 100 多人（包括数据智能翻译），有两个办公室，一个在对外经济贸易大学，一个在三里河。对外经济贸易大学主要做社会科学底层数据挖掘和数据分析，三里河主要是基于数据分析提供政策咨询服务，当前运行的项

① 董青岭，对外经济贸易大学国际关系学院副教授，国家信息中心博士后。

目主要是做 TPP 国家的数据分析，即基于相关数据对 TPP 国家进行宏观经济预测。另外，我和谭秀英老师在国际安全领域做了一个“国际安全开源大数据平台”，并准备发布一个动态的《国际安全态势感知指数 IISSA》，相信大家都已经看到了《国际安全研究》杂志每期八版的数据登载。最近我们又参与了一个海外国际传播项目，目标是做海外收视率的大数据分析，我们团队参与了其中的数据建模部分。

现在说一下我的研究，首先大数据是社会科学未来的趋势，目前在各个领域不断扩展，美国人最早提出数据治国的理念，欧洲人也正在利用数据来改善整个社会的政治经济状况，改善他们的决策质量。现在，数据已经开始蔓延到我们整个社会科学研究领域，其中就包括国际关系。据我所知，国内有很多大学都在建立大数据中心，但是目前大家多限于讨论大数据的应用场景，以及什么是大数据，真正进行数据建模和数据运算的尚不多见。我们这个报告是我们中心的第一个大数据国际关系实验性分析作品，目前做得还不完善，但毕竟是第一次尝试，这个数据的运算无论是在体量还是数据的混杂程度上，基本上可以算做是小体量的大数据建模，运算总量 3.5 万多次，普通的软件能处理一个因变量和几个自变量关系就不错了，我们处理了 300 多个变量之间的相关性。

那到底什么是大数据呢？我想先厘清一下这个概念。大数据这个东西其实很早就有，中国古代兵法里边很早就讲到了大数据的用法雏形，即“增兵减灶”的故事。古代行军打仗，一个军队怎么知道敌方有多少人，如果敌方号称八十万大军，己方不信，怎么办？大家知道，行军打仗要吃饭，可一口大锅可供应吃饭的人数是有限的，在对方军队走了以后就去数灶墩有多少，数灶墩有多大，这样就可以估出来对方有多少人，不管你怎么夸张，反正吃饭的人是有限的，吃饭一般不会说谎。类似的一次大数据运用于军事领域可能是2003年的伊拉克战争，据说美国人根本没有搞军费开支和武器交易那些显而易见的军事数据，但却精确推算出萨达姆有多少军队、这些军队在哪里、装备什么武器。那他们是怎么做到的呢？数据圈有一类观点指出，美国军方挖掘的是当地供水公司和食品公司的配送数据，通过监测食品和饮用水的消耗量和配送路线，从而清晰地估算出这个地方一共有多少军队、军队藏在哪里。这个思路给我们提供了很好的启示。最近，我的团队整理了世界各个国家的外交开支，里边有项开支是住房公积金和住房补贴，看似很没用，但我们根据这个数据做了一项很有意思的研究，即根据外交开支如何估算一个国家外交部正式雇员的规模。考虑到当地的物价水平和政府的补贴政策一般是有固定标准的，我们据此与住房公积金和住房补贴数据做融合，精准地测算出每个国家外交部的正式职员有多少人。

总体来说，大数据首先是体量要足够大，大到什么程度呢？大到通常我们现在的常规科学软件都无法处理的程度。第二，数据要有多元性或混杂性。很多学者都提到了，数据现在实际上是多元的，来自不同领域，这些数据以前处理的时候，大部分都是结构化的数据，可是现在因为互联网和传感器的使用，加之存在各种各样的交易方式，产生了一些非结构数据。以前我们擅长处理一些统计数字，可是现在产生了一些图像信息。这些非结构化数据的纳入，使得数据的混杂性比较强。第三，大数据处理的速度要比较快，因为数据更新太快了，尤其是对于商业领域，半年前的数据对现在商业价值不大，但是对宏观经济有用，就此而言大数据与传统数据分析最大的不同点是快速处理流数据。第四，大数据因为量大价值密度比较低，不像我们这种小数据信息比较突出，使用前要进行数据清洗，但大数据因为量大容错能力比较强。

我们的这个《世界主要国家国际战略影响力关联指数》，大家拿到的是讨论稿。我们的研究兴趣很简单，我们不考察国家的影响力有多大，因为影响力是客观的，而是直接采纳了皮尤以及英国广播公司 BBC 从 2006 年到 2014 年每年做的全球民意调查数据作为影响力大小基准，主要是将 BBC 在 34 个国家做的全球影响力调查（每年固定抽样 29—34 个国家约 4 万民众）和皮尤在 40 个国家做的好感度调查（每年固定抽样 40 个国家约 5 万民众），都取正面评价并换算成标准分后进行数据合成。由于两个机构的国家抽样样本基本重合，皮尤样本略大，90% 涵盖前者，二者调研年度重合、月份略有差别，但都在同一年度内，可视之为针对同一问题、同一调查对象、同一时间段内面向同样国家样本的两组相互补充的数据（此处不考虑二者具体调研方法的差别，视 BBC 的影响力评价与皮尤好感度评价为高度近似问题），故二者存在合并可能性。这样大约相当于每年在 40 个国家调查了十万人的数据，然后按照每个国家的人口规模再进行标准分的处理。

我们的研究和以前不一样，以前是根据经验设定一个自变量和一个因变量进行因果验证；而对于我们的大数据分析则不是，我们只设定一个因变量，自变量是什么我们之前也不确定，于是采取了灰度建模和科霍南网络随机扫描的方法，但主要是灰度建模，也就是把所有的数据归一化，放在同一个坐标系中，如果两个数据曲线弯度、夹角以及曲度非常接近，相似率 90% 以上，那么我们就有理由推测该变量很可能和因变量有关联性。这就像茫茫人海当中的两个素不相识的人，为什么他们长得一模一样，他俩是不是有亲缘关系，是不是有一方是非婚生子女，这都是有可能的。我举一个现实的数据例子，俄罗斯的 GDP 增长曲线和世界油价的波动曲线，无论是走向还是弯度抑或是夹角，几乎一前一后，相似度高达 95% 以上，这说明俄罗斯的 GDP 增长很可能是受世界油价支撑的。受到这样的启发，我们将 300 多个变量放在同一个坐标系当中，跟 BBC、皮尤的影响力调研数据做对比，寻找相似性，筛选出可能相关的数据。

相似的数据找出来以后，是否就一定是塑造影响力的原因因素呢？这可不一定，然后我们做了格兰杰因果检验，在 300 个因素中又筛选出有因果关系的 72 个因素。打个比方，就是在茫茫人海中通过基因鉴定，一个有钱人发现自己有 72 个非婚生育的子女，现在有钱人要立遗嘱，那么这些子女是不是每个人都有继承权呢？那可未必。接着我们又做了一轮新的筛选，主要是确立继承权的数据标准化审查，最后筛选出 36 个变量。现在在法律上有 36 个子女有继承权，但是做父亲的是不是有不喜欢的子女呢，根据数据健全性和数据可观测值，我们又去除了 9 个变量，最后剩下 27 个变量，由这 27 个人来分遗产。那么问题来了，有 27 个人可以进入遗嘱名单，但是谁应该分多少呢，这得看家族贡献和父亲的喜欢程度。我们想了一个办法，就是让 27 个变量根据相关程度自行排队，即熵值分析。

具体怎么操作呢？假定有 27 个人，我们把他们关在一间屋子里，现在我们问，你们 27 个人相互比较一下谁最帅，最帅的出来到门口拿 1 号牌，剩下的继续比较，第二帅的去拿 2 号牌，最后剩下两个人，我们问你们俩谁更帅，俩人比较以后更帅的那个出来，这样 27 个人完成一个排队。但问题的关键是根据什么让 27 个人完成一个颜值排队呢？方法很简单，我们抬来一筐苹果，有 100 个，我们让这 27 个人凭他们的能力来抢，谁抢到的多谁就颜值高，根据能力强弱进行排队，这样就完成了 27 个人继承份额的分配。

现在回到我们的《世界主要国家国际战略影响力关联指数》报告，研究一开始我们根据经验将与国家战略影响力相关的变量简单分类为 6 个数据小组，每个小组里面各备 50 个变量候选考察，包括基础资源力、发展保障力、战略威慑力、战略传播力、国际参与力和未来创造力（参见表 1），这样每组有 50 个变量，经过四轮变量筛选比赛以后，最后的结果是什么呢？你的组员能力强，剩下的人自然多。也就是说，经过数据筛选检验，有的小组数据相关性比较显著，剩余变量比较多；有的小组相关性弱，经过筛选后剩余变量比较少。这样，我们将每个小组未淘汰组员的得分相加即是小组得分，以此类推，我们最后从三级指标推二级权重，从二级权重推一级权重（参见表1），最后得出完整的影响力相关因素排序。

最后，我想说，大数据研究和我们普通定量研究到底有什么不一样呢？第一，大数据主要看相似性，通过相似性比较寻找可能的研究变量。第二个预测性，大家可以看一下图1（世界主要国家国际战略影响力关联因素排名），指标的百分比值越高说明该因素与该国家的国际战略影响力相关性越显著，它就越是支撑该国影响力的重要因素；然后你再观察一下在国家的战略影响力中支撑美国的因素和支撑俄罗斯的因素，长度条都比较多，这说明支撑这两国影响力的因素比较多，而德国和法国的比较少。大数据证明了一个现实中我们的观感，美国和俄罗斯仍然是综合能力比较强的世界大国，而德国和法国已经只剩下几个因素在支撑他们的国际影响力，颓势已无可挽回。第三，易于发现研究奇点，比如我们通过数据运算发现，性别比例（即男女比例）出现在多个国家的影响因素中，这说明一个国家人口的性别比例真的是关乎其全球影响力的相对重要的一个因素，而在之前我们只有朦朦胧胧的感觉。就我们的研究来看，男女比例的影响力在金砖国家尤其显著，而在老牌国家普遍不那么明显，这很大程度上说明了新兴国家仍是劳动密集型增长，而老牌国家可能是知识型和资本型来支撑的，所以目前而言维持一定的人口出生率对发展中国家尤其重要，当然也说明发展中国家的男女比例需要调节，尤其需要提高女性的社会就业机会。

表 1　世界主要国家国际战略关联因素排名（初始要素分组）

	一级指标	权重得分	二级指标	权重得分	三级指标	权重得分
世界主要国家国际战略关联因素	基础资源力		基础体量		人口总量	
					GDP 总量	
			行动体量		外贸总额	
					外汇储备	
	发展保障力		资本投入		中央政府支出总额	
					教育开支总额	
					科研投入总额	
			人力投入		劳动力总量	
					研发人员数量	
					性别比例	
	战略威慑力		安全防御		军费开支总额	
					武装人员数量	
					武器交易总额	
	战略传播力		战略投射—物流		对外投资净流出	
					世界 500 强公司数量	
			战略投射—人流		出境人数	
					入境人数	
			战略投射—信息流		信息技术产品出口	
					信息与通讯技术服务出口	
					网络覆盖率	
	国际参与力		国际责任		人道主义难民救助	
					参与维和行动	
					国际会议活跃度	
	未来创造力		创新能力		专利申请量	
					科技文章数量	
			创新产出		知识产权使用费（接受）	
					高科技出口量	

序号	指标	美国	指标	日本	指标	德国	指标	法国	指标	英国	指标	中国	指标	巴西	指标	俄罗斯	指标	印度
1	武装人员数量	↑4.19%	外贸总额	↑4.03%	教育开支总额	↑4.02%	专利申请量	↑4.03%	军费开支总额	↑4.14%	参与维和行动	↑4.16%	知识产权使用费(接受)	↑4.18%	劳动力总量	↑4.31%	外汇储备	↑4.16%
2	中英政府支出总额	↑4.19%	人口总量	↑3.99%	GDP总量	↑4.02%	教育开支总额	↑4.03%	外贸总额	↑4.13%	性别比例	↑4.04%	外汇储备	↑4.11%	参与维和行动	↑4.29%	中央政府支出总额	↑3.94%
3	国际会议活跃度	↑4.18%	出境人数	↑3.96%	中央正府支出总额	↑4.00%	知识产权使用费(接受)	↑4.02%	网络覆盖率	↑4.11%	对外投资净流出	↑4.03%	信息与通讯技术服务出口	↑4.08%	外汇储备	↑4.22%	人道主义难民救助	↑3.94%
4	参与维和行动	↑4.17%	参与维和行动	↑3.93%	信息与通讯技术服务出口	↑3.93%	网络覆盖率	↑4.01%	教育开支总额	↑4.06%	信息与通讯技术服务出口	↑4.01%	中央政府支出总额	↑4.03%	专利申请量	↑4.20%	教育开支总额	↑3.94%
5	劳动力总量	↑4.12%	高科技出口量	↑3.92%	网络覆盖率	↑3.93%	GDP总量	↑4.00%	科技文章数量	↑4.04%	入境人数	↑4.00%	GDP总量	↑4.03%	对外投资净流出	↑4.20%	GDP总量	↑3.93%
6	军费开支总额	↑4.08%	科技文章数量	↑3.91%	军费开支总额	↑3.89%	中央政府支出总额	↑4.00%	研发人员数量	↑4.03%	外汇储备	↑3.98%	对外投资净流出	↑4.00%	性别比例	↑4.16%	性别比例	↑3.92%
7	知识产权使用费(接受)	↑4.08%	网络覆盖率	↑3.90%	科技文章数量	↑3.88%	出境人数	↑3.96%	GDP总量	↑3.95%	知识产权使用费(接受)	↑3.97%	教育开支总额	↑3.99%	信息与通讯技术服务出口	↑4.11%	对外投资净流出	↑3.92%
8	信息与通讯技术服务出口	↑4.08%	外汇储备	↑3.87%	世界500强公司数量	↑3.88%			参与维和行动	↑3.93%	网络覆盖率	↑3.97%	科技文章数量	↑3.98%	中央政府支出总额	↑4.09%	参与维和行动	↑3.89%
9	性别比例	↑4.06%	信息与通讯技术服务出口	↑3.86%	人道主义难民救助	↑3.88%			人口总量	↑3.91%	人道主义难民救助	↑3.95%	世界500强公司数量	↑3.98%	教育开支总额	↑4.07%	信息与通讯技术服务出口	↑3.88%
10	人口总量	↑3.99%			参与维和行动	↑3.87%			知识产权使用费(接受)	↑3.90%	科技文章数量	↑3.91%	专利申请量	↑3.98%	GDP总量	↑4.06%		
11	研发人员数量	↑3.98%									人口总量	↑3.90%	人口总量	↑3.94%	世界500强公司数量	↑4.05%		
12	科技文章数量	↑3.94%									研发人员数量	↑3.88%	外贸总额	↑3.93%	武装人员数量	↑4.03%		
13	出境人数	↑3.94%									外贸总额	↑3.86%	武器交易总额	↑3.90%	信息技术产品出口	↑3.98%		
14	入境人数	↑3.93%											军费开支总额	↑3.90%	科技文章数量	↑3.97%		
15	外贸总额	↑3.92%													出境人数	↑3.97%		
16	外汇储备	↑3.91%																

图1　世界主要国家国际战略影响力关联因素排名

注：1. 每个国家最后甄选有效因果变量为27个因素；

2. 此处截取的是每个国家国际战略影响力最显著的因素，每个国家不同，截取标准是每个国家27个有效因果变量中高于均值的部分。

我对我们的研究就做以上这样一个最基本的介绍，有不清楚的地方老师们一会儿再与我交流。谢谢。

主持人：好的，谢谢董青岭副教授，我觉得非常好，为了这次会议他专门给每一位参会者都印发了战略影响力关联指数的报告，让我们大开眼界。你的讲话谈到了对大数据的理解，或者说我们应该怎样去采用大数据、处理大数据，以及这样一种大数据处理的研究价值和意义何在，我觉得还是给我们讲了很有技术含量，也具有一些启发意义的观点。特别是你还谈到一个预测，未来的国际关系也许就是一个扫描的时代，谢谢董青岭副教授。接下来有请北外国关学院副教授、公共外交研究中心副主任周鑫宇为我们介绍“大数据与公共外交的效果控制”，大家欢迎。

大数据与公共外交的效果控制

周鑫宇[1]

感谢唐老师，感谢外交学院的邀请，我很荣幸来做发言。刚才董老师讲了大数据的一些基本的定义，我们也有感受，因为确实从国际关系来说，量化分析是饱受垢病的一种方法，即便在美国这样的国家，它作为一种基本的学科训练，必不可少，但是仍然广受垢病，主要原因就是对于变量的排除会产生问题，那么大数据也许可以通过新的技术和数据的规模来解决在国际关系这样一种变量极其复杂的学科中如何实现更好的定量预测的问题。其实我们在这方面还差得很远。此处我想结合我们公共外交的研究来谈一些感受。

我们北外的公共外交研究在国内跟外交学院一样开展得比较早，但是公共外交的研究作为一个新的学科确实存在很多困惑，这种困惑很容易体现在我们具体的研究过程中。我想介绍一下我们现在正在研究的两个课题，看这两个课题产生了哪些

① 周鑫宇，北京外国语大学国际关系学院副教授，公共外交研究中心副主任。

困惑，以及大数据对于解决这些困惑的可能性和困难。

首先我想介绍的是我们正在做的“外国领导人话语分析”的课题，我们请全北京外国语大学的老师报名，最后大概有13个不同语种的老师来参加。让这些老师们做什么呢？就是去分析过去2015年中相应语种国家的领导人的讲话稿，看这些讲话稿有什么特点，尤其是他们提到了哪些议题。做完这个研究后我们发现，在公共外交尤其是战略传播的过程中，我们想去讲的事情可能对方不爱听，这跟信息不对称有关系，尤其是中小国家，我们真的不知道他们希望知道什么，即便是在美国或者日本或者欧洲这样相对来说我们接触比较多，当然信息渠道也更透明和更开放的国家和地区，我们常常也不知道他们究竟在关心什么。比如说美国人会关心中国的什么呢？我们很想到美国去讲好中国故事，比如我们觉得中国传统文化是很好的东西，但这是我们个人的感觉，美国人未必会关心。就像刚才袁南生书记所说的京剧的问题，我们特别钟爱自己的传统文化，想把它传播出去，但是外国人可能真的不感兴趣。那么他们到底对什么感兴趣呢？我们就假设，他们国家领导所讲的话题，也许相对于他们国内而言就是热点话题，而且这个话题是流动和变化的。比如奥巴马多次提到中国的高铁，不光是白宫的新年祝词，还有很多其他讲话中都提到了中国的高铁，那我们应该就中国的高铁对美国社会进行一些传播，因为他们的社会可能正在关注中国的高铁。果不其然，最近一个美国人拍的片子在美国的网上火了起来，他就是拍了从上海坐高铁到北京的全过程，一等座什么样，二等座什么样，商务座什么样，然后像途中南京这种高铁站长什么样。就是这样一个简单的东西，在美国的网上引起了较为广泛的讨论。所以说，如果我们想要去确定到底要传播什么的话，也许奥巴马的讲话就可以给我们提供一个点，我们只是没有抓住它，或者是抓住它以后没有有效地实施而已。

因此，我们这个项目的想法就是，欧美国家当然很重要，但是还有“一带一路”上的第三世界国家，这些国家其实对我们的影响也很大，尤其是我们“一带一路”的投资要走出去，我们在那些地方的名誉会对我们在当地的资产安全、经济合作等都产生很重要的影响。而北外又有这样的语种优势，所以我们现在就在做这样一个项目分析：这些国家的领导人在过去一年经常反复提到什么议题，而这些议题跟中国有什么关系。这个课题算是进展得比较顺利的一个课题，因为它相对简单。根据分析我们会有一些发现，比如不同的国家真的会关心一些可能我们完全想不到的议题。

举个例子，我们发现马来西亚的国家领导人在讲话时有非常强烈的自我意识，即认为他们自己是一个温和的伊斯兰教的国家。我们对这个国家进行文化传播时，比如我们国家的领导人到那里去在一些报纸上发表文章，或者我们的使馆在当地做一些传播工作，我们可能更多地讲中马的传统关系、丝绸之路，还有马来西亚的华人等等。这都是从我们自己的视角去谈，觉得这是我们两国之间的联系，但我们发现他们的国家领导人特别关注伊斯兰的问题，这跟我们的想象是有差距的，当然这跟他们自己国家的体验是有关系的。

我们再看一下其他国家。比如荷兰，2015 年我们发现他们国家领导人在谈到外交问题时特别喜欢谈马航的 17 号航班的问题，由此我们了解到他们对于乌克兰问题有特别强烈的想法。我们还发现中东欧有一个国家阿塞拜疆，其特别重视他们的语言到底是不是周边国家的方言的问题，他们常常争论这个问题，而这些问题一般我们是不会讨论到的。假设我们把这些问题抓出来，那么我们不管在那边做什么样的战略传播，针对这些问题也许只是提一句，或者专门阐述一下中国与他们的共同观点，比如说我们在北京外国语大学专门开设了你们的语言，我们对你们的语言很尊重，那么这个国家就可能很高兴。这虽然是一个很小的点，但是由于他们国内很关注，一个点也会产生很好的传播效果。这是一个做法，我们也刚刚开始做，但是确实有一些发现。

可是紧接着问题也来了。我们发现困难在哪里呢？困难就是你不知道他的国家领导人这个讲话的代表性有多大。比如我们拎出来一个重要的国家，例如泰国或者缅甸，这一年我们可以找出他们的国家领导人 20 篇公开讲话，然后分析这些讲话中都有哪些话题，他们是怎么讲的，再建议到那个地方去以后我们应该谈些什么。但是这个建议拿到国家部委，比如外交部的时候，会面临一个非常根本的质疑，就是你的这个样本有代表性吗？按照你的建议去传播效果就一定好吗？换句话说，我们只能靠直觉说国家领导人讲到这个话题，一般这个话题就很重要，但是这个话题他讲完以后大众的反馈是什么，我们并不知道。其实反馈是很难评估的，因为反馈非常复杂，我们可以把这个数据从国家领导人的讲话扩展到主流媒体的社论，如果对方有比较发达的社交媒体的话，也可以在社交媒体大 V 文本中挖取出来，但这个数据量就会大到一定程度，不过有没有大到大数据那种程度就不知道了。我想这个数据量应该基本还在一般的话语分析软件可以处理的程度下，但是至少应该扩大它的数据量，这样才会更有说服力，我们现有的运用这种话语分析的软件实际上是可以处理远比一个 20 篇的国家领导人的讲话更大的数据的，这样产生出来的对策或者结果可能会更加有说服力。这是我们做的一个事情。因此，我们感觉到对于数据的整理和分析是提升一个研究的好思路，去实现它的效果是非常重要的，但是我们在这方面确实存在较多困难。比如你会发现有的国家主流媒体讲话的透明度很低，且其社交媒体很不发达，所以你找不到相关的信息。说白了就是网上没有，你不知道怎么去扒取它，这其实是我们面临的一个基本问题，就是好多国家的信息透明度和公开度是不够的。这是我要介绍的第一个课题，就是大数据拓展了我们的研究空间。

第二个课题是，我们找到不同语种的老师，来研究他们的话种所对应国家的社会政治力量，也就是研究在那个国家中哪些政府之外的力量能很容易影响政府的决策。这些力量的政治影响力很大，它们有可能是媒体集团、宗教组织或者宗教领袖，有可能是黑社会或者企业的家族，也有可能是正在下台的政治家或下野的政治家族。我们做这个研究的出发点就是：我们现在越来越觉得公共外交不只是传播能够解决的问题，你不管通过什么样的传播，塑造了怎样良好的印象，但是这种印象未必能够转化为对你有利的政策行为。比较典型的像美国与沙特这种关系。其实美国的社会不喜欢沙特，沙特的社会也不太喜欢美国，可能整个伊斯兰世界对美国都不太感冒，但是美国和沙特长期是盟友关系，他们之间彼此对外的政策输出始终是友好的。总体来说，就是你的民意和外交政策输出可能是相背离的，而民意如何才能影响到对外决策，这就取决于民意是否足够强大到，而且能否有效地输入到决策系统中去，并最终产生决策。我们现在觉得，外交特别是公共外交更不能忽视这个层面。这个层面中还有些关键因素。第一当然是你的民意要足够强烈，这是传播可以做的，或者是可以通过其他关系、利益交换做的，但还有一个就是刚才有学者讲到的关键人群或者关键少数。在他们的社会中确实有一些人，他们去说一句话，这个事情就是政策；他们不说这句话，这个事情可能就永远止于老百姓之间的议论，永远变不成政策。因而这种抓关键少数非常重要，我们特别想研究出这些国家的关键少数到底是谁。

对于一个国际问题研究者而言，这其实是非常难做的，我们做不到，比如我们很难知道肯尼亚的关键少数是谁。刚开始设立这个课题时，我们以为我们的那些语种的老师可以比我们做得更好，因为他们会去这些国家很多趟。他们从读大学开始就在那边，比如到对象国去交换一年，他们教书以后也会与那些国家有大量的往来，所以我们原以为他们会知道得更多，但做起来以后我们才发现困难非常大。也就是说，他们能够零散地知道一些，但如果要他们描绘出一个比较完整的或深入的政治图谱，他们也做不到。因此，如果要做这样一个项目的话，可能最终仅靠经验式的研究很难做到，或者在短期内很难做到，可能需要三年、五年不断地调研，做完以后这个人可能就是当地的国情通，属于上通下达那种人物了，什么都知道。我们国家在这个方面的人才是极其短缺的，这可能需要很长时间的投入，也值得投入，但是短期来说，不知道可不可以通过大数据的方式获得当地某些有政治影响力的机构或者人的信息，也就是知道这个关键少数到底是谁，我们去了以后可以找谁。不管是我们的使馆、企业，找谁或者要提防谁，抑或是不能不关注谁，这些也许能够靠大数据获得一定的解决。因为通过传统方式寻找这些信息的时候，我们发现真的很困难，最终可能还是要建立一些“各国通”，这样我们才能够跟人搭上话。当然我怀疑大数据可能也很难做到，刚才我说到了信息不公开、不透明，当地的数字信息太少、不健全，最后可能导致你的数据是偏颇的，最终反映的全是西方的描述，或者是当地某种精英阶层的描述，而没有反映真正的广泛意义上的描述，所以大数据也面临困难，传统研究方法也面临困难。而今天研讨会的意义就在这里。

我们可以探讨一下，在公共外交的效果研究中，我们传播的内容有多少为当地的民众所接收，接收完之后会不会形成对我们有利的民意，而这些民意能不能传达到他们的决策系统中去，从而最终影响他们的政治，这些问题其实是我们公共外交面临的巨大问题。我想这些研究还有很多空间，而这些研究将最终成为对我们真正有意义的、在战略上能够起到决策效果的智力支持。因此，我还是强调公共外交应该建立在区域国别深度研究的基础上，公共外交研究和区域国别研究几乎可以等同。如果区域国别研究不是研究公共外交，而是研究当地有什么、有多少资源、政府有几个部门、有几个主要党派，那这个区域国别研究就没有意义了。今天公共外交研究、区域国别研究为什么重要，就是因为我们只了解当地政府而不了解当地社会，因此今天意义上的区域国别研究和公共外交研究是等同的，我就讲到这里，谢谢。

主持人：谢谢周鑫宇副教授给大家做的大数据公共外交的效果控制的发言，特别是跟大家介绍了他们目前从事的两个课题项目：外国领导人话语分析的课题，以及寻找外国社会中政府之外的力量如何影响国家决策的课题。同时他分析了在开展这两个项目的过程中所面临的一些困境。这些内容为我们所探讨的大数据和公共外交结合的研究提出了进一步思考的话题，谢谢。

下面我们邀请北京大学国际关系学院外交学系主任张清敏教授发言，他的主题是“把握外交本质，理解外交转型”，大家欢迎。

把握外交本质，理解外交转型

张清敏[1]

我听完大家的发言觉得非常开阔眼界，不管是有关外交部就网络外交工作的介绍，还是各个老师的工作，都做得特别好。我一直做传统外交，思想比较滞后，听完以后感觉讲的很多东西都特别好，但是不是外交？恐怕包括外交部从事的一部分工作都不是传统意义上的外交，外交部若都从事网络媒体传播这样的工作，那外交部就不再是外交部，而且外交部在这些专业领域可能也做不过这些专门的机构。但这却是外交工作面临的一个环境，你必须要去应对。所以我今天要讲一下，面对新的形势，外交面临一个转型，那么外交部在网络媒体时代如何适应和转型，这是一个非常大的挑战。如果按照“外交无小事”的观念去考虑的话，很多东西外交部不能和民众有沟通，但是外交部现在必须利用这个东西与公众沟通。基于此，我今天主要讲三个问题，第一个就是关于外交转型。

---

[1] 张清敏，北京大学国际关系学院教授，外交学系系主任。

历史上外交的转型有好多次，如果从学术的角度讲，尼科尔松提到一战以后新外交的转型问题，现在这几年有很多人提外交转型，那什么是转型？它在转型之前是什么？如果不知道原来是什么，你怎么理解转型？我认为这是对外交本质的一个思考，如果谁都在搞外交，什么都是外交的话，那么我们外交部的身份就不清楚了，我们做外交学的人身份也不清楚了，这是一个非常大的问题。

通过梳理最近几年国际上研究外交学变化的观点，我认为转型有几个方面。第一个是概念的变化。中国对外交的理解，从百科全书到所有的教材强调的都是主权国家对外行使对外主权，落实对外政策的和平行为。最近这几年出版的关于外交学的书基本上不再强调主权国这一点了，而特别强调外交作为一个寻求利益结合点，化解分歧，建立关系的过程，外交成了一个过程。这个过程包括三个方面，第一个是代表，第二个是沟通，第三个是谈判。中国人现在特别强调主权，包括刚才有学者讲到大数据的主权问题，它是一个主权问题，但基于大数据的挖掘、设定指标去衡量各个国家的状况又是一个普遍的东西，那主权怎么去应对这个东西，这是第一个概念的、观念的变化。

第二个是行为体的变化。很多学者强调民间组织要介入，从这个意义上来说，不少人不再把主权国家当做外交唯一一个行为体。社会学理论特别强调，不同社会、不同民族、不同文化之间的沟通和交流都是外交，倘若如此，可以说中国和美国之间、中国和哈萨克斯坦之间既是一种国家间的关系，又是一种社会的关系，那么从外交的角度讲，国家主权应该怎么做，社会关系又应该怎么做，这些东西都提供了很好的思路。

第三是规范的变化。外交作为过程的特点在于外交要遵守一种规范，这是外交与军队和其他不一样的地方。我们特别强调和平共处、主权平等，这些都是很重要的，但是它也在变化。不管规范也好，伦理也罢，都在变化，比如说保护的责任（R2P）就是很突出的问题。有学者写了一篇文章发给我看，讲外交伦理的问题。当时我觉得外交就是一个政治问题，我和他沟通的时候，他提出有伦理问题。比如说外交早期需要效忠一个君主，不管这个君主是好是坏，我就是一个君主的代表，代表君主；后来外交代表国家利益；再后来外交代表人民。现在出现了新的发展趋势，那外交官应该怎么做，它的背后就是纯粹的国家利益，还是世界的和平？还是说还有别的更重要、更高的东西？比如说利比亚卡扎菲倒台之前，有好几个大使宣布，我不代表你，你不是我的主人。就我们来说，这是不可想象的，但是从国际社会来看，这是一个非常新的发展势头，将来如果一个国家在某个方面不遵守这个国际规范了，它就不被认可了，那么作为一个外交官，他的标准是什么？这就是规范的变化，还有很多其他的方面，这都是很值得研究的。

第四是关于制度的变化。比如我们外交部新闻司的公共外交处，我其实一直在追踪这个处的工作，研究它是怎样形成的，又是怎么运作的。就我跟踪的这个发展趋势而言，实际上从新闻时代发展到公共外交，这本身是对外交制度的一种挑战。刚才袁书记讲到调研方式的挑战，包括公共外交现在的发展形势等，可以说外交确实在发生变化。

我想谈的第二个问题是有这么多变化，有这么多形式的外交，那外交本质是什么？应该是外交部和其他做文化外交的文化部，做对外宣传的国务院新闻办不一样的地方。就我而言，我是做外交学的，不是做国际关系的，如果自己不清楚的话，那你存在的价值在什么地方呢？我觉得我们外交部至少在这方面没有讲清楚，大部分学生也不清楚。我每年都提这个问题，几乎都讲不清楚，本质到底是什么？外交显著的特点是什么呢？就是和平。国际上研究外交的学者对这一点讲得非常清楚，但中国的外交学持续升温中没有厘清这一点。比如，为什么现在批评外交软弱？明确地讲，外交的任务就是通过谈判、沟通、代表等过程实现利益的交换。我不可能用军队的强弱来形容外交，正如萨道义所说，外交是利用智力和机智来寻求和平解决矛盾，外交拼的是智力和机智，而不是武力。到部队讲课，讲团结就是力量，可外交部没有这种说法，外交讲智慧就是力量。

现在大家讲经济外交、文化外交、公共外交、军事外交等等，可这原来跟外交没有关系，为什么现在都成为外交了？因为这些领域也发生了一些代表、沟通、谈判等这种和平的过程。比如从威慑角度来说，威慑和强制不是外交，是军事手段，但为什么现在有了威慑和强制外交了呢？因为我用威慑的方式让对方了解到后果是严重的，从而知道使用武力是不行的，这就成为威慑外交和强制外交。那么文化外交呢，以前没有说文化外交，张骞出使西域、郑和下西洋等，我们其实很早就有文化交流和文化贸易，但那时候为什么没有被称为文化外交呢，因为那时没有现代外交的概念。

最典型的例子就是军事，军事以前是没有外交的，新中国成立以后，周恩来说外交官是不穿军装的解放军，但是那个时候没有说军事外交这个概念。在冷战时期，军队的主要任务是什么，是以武力手段维护国家领土的安全，它的主要功能虽然也是维护国家利益的，但其手段突出的是对抗，这不同于以和平方式进行沟通、谈判、交流的外交。军事外交的兴起在于各个国家的军队不再通过战争的方式来对抗，而是作为国家的代表相互之间进行沟通和交流。比如建立信任机制、派维和部队搞联合军事演习，所有这些方式都是随传统军队职能的变化而变化的，所以被称为军事外交。

从这个角度讲，不管外交怎么发生变化，不管有什么样大数据的东西，外交部的人员、研究外交的学者都要理解外交中最根本的两个东西，一个手段是和平的，第二个目的是和平的。这两点掌握了以后，我们外交部可以到媒体上大声地讲，我们的功能就是和平落实政策，这就是我们的工作，不要期待我们外交官穿着西装、打着领带去打仗，那不是我们的东西，请不要拿“软”、“硬”指标来衡量和判断我们的工作。很多人对此的误解导致了一个状况，就是现在对外交部产生了很多批评。因此我讲这个第二点，外交有变化、有革新、有转型，但是不能不认识它的本质，那个东西是不会变化的。

第三，数字外交、大数据时代的公共外交，实际上我对这个东西听了很多。但我想问，到底什么是大数据时代的外交，比如通过网络得到很多点击率，那是大数据外交吗？包括很多数据本身要怎么分析。那大数据时代、数字时代对外交有哪些挑战呢？外交部必须去应对大数据时代的形式，但是外交部肯定不可能变成一个做数据的部门，比如你可以做文化外交，但在中国，文化外交的主要职能是文化部的，经济外交是经贸部的，卫生部门的东西是卫生部的，而外交部在这些领域都没有它的优势。外交部不得不考虑和参与这些领域的工作，这就需要对其职能进行一个调整。那怎么调整呢？比如新闻司就是一个例子。按一般道理来说，新闻司从 1982 年开始有新闻发布会，到现在应该有很多政策性的东西是由新闻司来发布的，但是这次两个司的司长（海洋边界司和条法司）出来就南海问题举行记者吹风会，都不是新闻司司长出面，这就是一个变化。现在利用自媒体与公众沟通做得比较好的一个国家是瑞典。他那个新闻司司长给我们讲，他们外交部从部长到新闻司在与媒体沟通的时候做了很多东西。我当时提到一个问题，他非常不高兴。我说你的外交部长天天在网上和网民对话，那外交部长的其他职能谁去完成啊，外交部长肯定不能说我就是做媒体、做新闻的。后来我就在思考一个问题。比如说新闻司从成立到现在越来越重要，但是将来在大数据时代，新闻司的职能将受到很大挑战，将来各个业务司随时需要就自己的业务和媒体沟通，而且都是专业的东西，那新闻司干嘛呢？这就是新闻司会面临的一个挑战，慢慢地它就变了，职能发生变化了。再往下看，从历史的角度看，外交部面临的挑战也是前所未有的。从历史上看，外交产生好长时间以后才有外交部门，大使馆、领事馆产生150多年以后才有外交部。外交部最初的任务就是保留档案，就是档案馆。那么现在发生了什么状况呢？我刚才谈了经济外交、卫生外交，而最典型的就是公共外交。为什么公共外交最典型呢？谁在做公共外交？在中国，实际上外交部是很被动的，其他部门都在做对外的公共外交，只有外交部门做的公共外交大部分对象是国内的。从这个意义上考虑，中国外交部的公共外交实际上在某种意义上改变了传统西方对公共外交的理解，因此扬·梅利森（Jan Melissen）在《新公共外交》一书中，专门说公共外交不仅是对外，也是对内，他就是到中国、到外交学院访问以后改变了他原来的看法。那么根据这个东西，在这个新的时代，我们怎样利用大数据来为外交服务呢？比如说沟通、代表，或者是谈判、调研，这些传统的东西都需要有新的技术，它是一种技术，是一种手段，但它不能改变外交的本质，这就是有学者讲到的，这个大数据是一个主权问题。那么实践中我们怎么运用大数据为自己服务呢，外交部怎么去利用、去适应这个东西，而不是被这个东西引着走，被它带着跑，这是外交最大的挑战。

最后我想强调一点，学者的研究对象和政府宣示的政策是两个不同的东西，学者的研究，包括公共外交、大数据，无论研究什么，这些东西都有一些现象，学者必须冷静下来去做，要关注新的宣示和口号，但研究是以客观的东西为主的，特别是研究具体的对外政策行为，而不能变成政策解读的竞赛。从20世纪八九十年代以来，新秩序、多极化、和谐世界、科学发展观以及现在的“一带一路”，大家跟风着去做，结果怎样？与30年前相比，我们在这些方面到底做的哪些是值得留下来的东西？这是值得思考的。我觉得学术界与政府的目标是一致的，但是如果跟得太近，那就可能失去研究，看不清研究对象，失去了自我。我就讲这么多，谢谢大家。

主持人：好的，谢谢张教授。张教授跟我们谈到了外交在数字时代发生的一些变化，以及在这个变化中我们应该保持对外交本质的清醒的认识。而且他对外交本质的内涵做了一个阐述，同时也提出在我们这个数字时代外交所面临的挑战，以及如何运用新媒体和大数据等为我们的外交服务，令人耳目一新，非常感谢。下面就请外交学院外交学系的副主任熊炜教授做一个点评，然后我们进入自由讨论阶段。

评　论

熊　炜①

我想谈谈自己的四个困惑。当然，在谈这四个困惑之前，我对清敏老师刚才所讲的也特别有同感。无论是外交部作为机制，还是外交行为或外交工作本身，这些都是我们外交学的研究对象，而我们的研究对象现在正面临着巨大的转型和挑战。比如，美国《外交事务》（*Foreign Affairs*）期刊最近有一期文章的观点就很有代表性，它讲了在大数据时代外交的发展趋势，甚至认为将来外交职业也不会存在了。其实研究外交学的同事都知道，这个话早就有人说过，法国驻伦敦大使康邦（Paul Cambon）就说过，一战之后就进入了没有外交官的外交时代；二战之后，美国外交家凯南（George Kennan）也重复过这个观点；直到20世纪90年代，西方学者又提出新公共外交的概念，其中都包含着这样的意思。自从提出公共外交这个概念之后，对我们研究外交的人来说，这其实是把一个潘多拉的

① 熊炜，外交学院外交学与外事管理系教授，公共外交研究中心研究员。

盒子给打开了。以前，外交学研究的都是传统外交，而自从公共外交这个概念出现之后，什么都是外交了，这种现象在中国尤其混乱。军事外交、卫生外交，什么都是外交，公共外交其实是给我们提出了一个大的挑战。

首先，在大数据时代，我们传统上所说的统筹国际和国内两个环境变得尤其困难。对公共外交来说，就是怎么把国内的一套政治话语体系和国际上的一套政治话语体系协调起来，说句悲观的话我觉得不可能，当然这是我个人的理解，也可能是错的。当两个话语体系不一样了，尤其是在这种数字化时代媒体整个打通的情况下，我觉得这是一个不可能实现的目标，这也是我的第一个困惑。

第二，大数据时代的公共外交，其最重要的平台是社交媒体，这个刚才各位老师也说过，传统媒体、官方媒体的整个话语体系，要和社交媒体的话语体系统筹起来，这又变成了第二个不可能完成的任务。这种挑战对我们公共外交工作而言很严峻。外交部，包括好多做公共外交的人员很辛苦，可一个很细微的事件，就可能让你在前方、在一线做的各种工作功亏一篑，你可能根本不如一个社交媒体传播的影响力大。这是第二个困惑。

第三，在大数据时代，公共外交的平台更多的是互联网平台，那问题是，内容由中宣部来管理，而这个数字化的平台是由中央网信办及直属的国家互联网信息办公室进行监管的，然后政策战略由外交部来主导，或者至少外交部是发挥着非常重要的作用的，我们可以想象这种机构间的统筹工作难度之大，当然从做具体工作来看，我们做研究的人可以找一个具体问题进行研究，比如张洪忠老师做的研究，即分析中央级新闻媒体在国外的影响力，我觉得这些都特别棒。这些研究让我们很清楚地看到在某一个领域可能存在什么问题，但是从大的战略、从机制协调的角度来说，数字化时代的公共外交面临的挑战很大。这是第三点困惑。

第四，我特别同意张清敏老师刚才最后提到的观点，就是让学术归学术，让政策归政策。因为从学术研究的角度来讲，从学者的角度来讲，我们更多的是要从学术、从研究对象本身出发来研究，搞清楚我们需要什么样的理论，而不是去搞情报信息。大数据时代的公共外交有一个非常大的挑战，那就是研究方法的挑战，不管是外交还是国际关系，都需要计算机科学的相互协同。但计算机专业的人一般只关注数据挖掘。计算机专业的人对一些社会科学理论没有概念，对地区的、文化的敏感性等没有概念，所以对搞计算机的、搞数据挖掘的，你只要告诉他们需要什么东西，只要让他们去挖数据，他们什么都能挖，然后拿出一堆数据来告诉你，但是这个数据到底可信不可信？如何解读？如何把这个数据用于研究，用于我们的政策咨询？我觉得这是一个很大的问题。因为大数据更多的是商业应用和情报运用，不是学术运用，至少对外交和国际关系来说，我认为它不是，它还没有到这种学术运用的层面上。到底如何实现学术和应用的结合以及跨学科的协同？这就是我的第四点困惑。

以上是我一些简单的体会，说出来就教于各位，再次谢谢各位老师。

主持人：谢谢熊炜老师，他谈到大数据时代的国际、国内政治话语体系，如何统筹协调面临的困惑；社交媒体、官方媒体，如何统筹面临的困惑；互联网平台上中央和政府各个机构之间，如何协调面临的困惑；以及怎么样在学术和政策之间处理好大数据的问题面临的困惑。观点很鲜明，很值得我们认真地去思考，也为我们以后的学术研究和探讨提供了一些话题，谢谢。现在我们开始自由讨论，没有发言的各位专家学者也可以参与到我们这个时段的讨论中来，有问题请示意。

自由讨论环节

张清敏：我首先回应一下几位学者的观点，驻外使馆公共外交是对外的，这一点特别清楚，我刚才漏讲了。第二个我想跟大家交流一下，实际上外交部外交政策这个词的翻译是极其错误的，外交就是外交，英文没有 diplomatic policy 这个词，没有经济外交这个词，就是 Foreign economic policy，Foreign military policy，即对外经济政策、对外文化政策等等，这些都是有的，可对应的。现在中国人把什么都当成外交，结果我们做的反而好像不是外交了，这一点是根源上的问题，把 foreign policy 翻译成了 diplomacy，这是第一点。第二点，我们正在做一个东西，也就是研究外交部，我们已经研究到什么程度了呢？从 2010 年到现在这几年，外交部网页上所有的东西，我们统计了其中说了多少次"我没有这方面的信息可以提供"，学生统计后发现有 300 多次。我们对此进行了一个一个的分类，我们所做的就是进行观察。当然实际接触以后，我们发现我们的这个研究可能不能发表，我们了解到有一些东西的确不能讲。但我们进行的是一个学术研究，从学者研究的角度来说，需要与自己的研究对象保持一定的距离，有时候可能是批评的，但本质上我们的利益是一致的。

姚遥[①]：我想回应几句，可能因为我有双重身份，既是公共外交的研究者，即中国公共外交协会的研究室主任，也是公共外交的实践者。不少人认为中国的公共外交只是对内的，少有对外的，坦率地说，这些年中国的公共外交是做了大量的对外工作的。中国公共外交协会从2012年底成立到今天三年多的时间，李肇星老外长作为会长，领导我们做了大量的对外工作。

所以第一点，我特别同意刚才有的老师讲的，一定要先厘清外交的本质，同时我觉得还有一点很重要，即我们同时要厘清公共外交的本质。公共外交到底是什么？公共外交如果脱离了对于中国外交政策和理念的了解以及对外的传播，那么它就根本称不上公共外交。“十八大报告”里讲得很清楚，“要扎实推进公共外交和人文交流”，人文交流和公共外交是两个范畴，人文交流主要涵盖“教科文卫体妇青”等低政治领域，所以确实不宜有“卫生外交、教育外交”这种说法，那更多的是人文交流、文化交流；而公共外交呢，必须在高政治领域着墨，要更好地阐释和传播中国的外交政策。我举个例子，2016年4月

① 姚遥，外交学院国家软实力研究中心主任，中国公共外交协会研究室主任。

29日我们中国公共外交协会举办了“首届中日韩公共外交论坛”，这是一个公共外交活动，但实际上对于政府外交又是一个必要的补充和促进。因为在4月28日，在同一个会场——钓鱼台国宾馆——召开了亚信外长会议，大家知道韩国派了外长来参加，日本就不派团来参加，对中国有一点“欲迎还拒”的意思。但是4月29日，在我们的中日韩公共外交论坛上，日本自民党大佬、总务会长二阶俊博以公共外交者的身份出席了会议，所以这个公共外交的活动其实对于总体外交的平衡而言是一个很重要的补充。

第二点，我想谈一下外交转型的问题。与刚才一些老师的意见不同，我觉得现在即便是外交部各司局都有公共外交的需求，也不会影响到新闻司和公共外交办公室的协调职能。2015年习主席访问美国之后，中国公共外交协会在10月专门组织了一个代表团去美国了解最新的舆情情况。我们去了美国国务院，也见了分管公共外交政策的副国务卿等官员。美国国务院的各司局中，有三个局与公共外交直接相关，可是与此同时，在其他的地区业务司局里，也都有一个公共外交专员，但他们并不会削弱分管公共外交的副国务卿和那三个专业司局的职能，相反地，还会增强。恰恰现在我们的外交部可能也应该有一个趋势，就是各个司现在都应该考虑配备专门的公共外交专员；不过，即使每个司都成立了公共外交处，也总是需要一个总的协调部门。打个比方，diplomacy 和 foreign policy 确实是两个概念，但是不管怎么样，外交部除了主管 diplomacy，它也是包括外贸、外援、外宣等所有 foreign policy 的一个统筹研究和与其他单位协调的主要部门。因此，地区司增强公共外交职能与加强公共外交办公室的作用，这是并行不悖的，没有矛盾。

最后，我想讲一讲学术界和政策界加强沟通的问题。我非常同意学术界应该和政府有所区隔，学术界尤其应该多抓一些理论性、战略性、长远性的研究。我们在公共外交实践中发现，国内对于拉美、中东、非洲的深入研究少之又少。研究美国的人特别多，研究日本的人也特别多，可美国和日本不是国际社会的全部，我们对于亚非拉世界的了解太缺乏了，这方面恰恰应该是学术界着力的重点。但是再着力，还是应该看到外交是实践性很强的一门学科，有一定的政策导向性，特别是如果缺乏对中国外交理念的理解的话，那么所做的一切工作可能都是因果倒置的。另外，我还要再强调一点，关于在研究中跟风的问题，我觉得外交部的领导和同志们还是比较稳重的，反而是我们学术界的一些同仁有跟风之势，当然可能不是在座的同志们，这一点我觉得政府和学术界应该相互认知、共同反省、一起共勉，谢谢。

倪建平[①]：上午听了几位外交部门的领导和国内一流的研究

① 倪建平，上海美国问题研究所研究员。

公共外交的专家学者的发言，很受启发，但是听完，我想提个问题。从学者的角度来看，我们国家公共外交理论的研究，从学术发展史上而言，从2004年开始到目前为止已经走过了大概12年了，从研究队伍或者研究的范围来看，体量是越来越大了。但是作为一个理论研究者来说，公共外交的核心内涵到底是什么？就我的观点来说，存在两个隔距：一个是我们公共外交理论学者对公共外交的概念、内涵的理解，可能跟我们外交部门一线工作者对这一概念的理解之间有一个隔距；还有一个是，中国公共外交理论的研究者跟欧美国家公共外交理论的研究者之间，对这个概念、内涵的理解也存在隔距。这两个隔距说明我们国内的公共外交研究现状已经进入一个瓶颈期，光是在这种表层的概念上炒作，但是对于公共外交的内涵到底是什么，现在没有统一的观念。刚才姚老师讲到，公共外交的核心内容就是宣传国家的外交政策，我们是这么讲的。其实美国学者也是这么讲的，即“通过影响公众来宣传我们的外交政策，进而影响目标国国家的公众及社会精英对我们外交政策的支持和拥护”。这就涉及到两个方面，一是公共外交的执行者到底有几个、有几类，除了我们刚才讲的有外交部门的官员外，还有非政府机构的官员、在目标国家开展工作的非政府组织（NGO）、媒体机构等。我们在做这方面研究的时候，包括在上午的发言中，我们没有赋予这些机构足够的重视。我们公共外交的概念、内涵实际上是从欧美国家引进来的，以前我们称之为地方外事、民间外交或者国家外交。就地方政府而言，比如北京市有外事办公室，没有公共外交。但是随着我们的开放，随着我们与国际社会的接轨，公共外交的概念成为我们参与全球化，参与全球治理的一个话语。所以在这种情况下，我希望今天能借助外交学院公共外交的这个会议，有机会将公共外交基本的内涵厘清楚。只有概念、内涵厘清楚了，达成一致了，才能深化有关公共外交的研究。公共外交到底要怎么做，比如通过分析国外的少数精英怎么参与外交政策、怎么发挥作用，再比如分析我们国内的一些智库、一些 NGO 怎么来参与公共外交，这些可能都需要我们进行案例跟踪，而不是停留于争论我的概念怎样、你的概念怎样。

周鑫宇：就倪建平老师的提法我来回应两句。我跟很多学者讨论过公共外交跟其他一些外交的区别，如果把这个问题深入探讨下去形成一些共识，对于我们刚才讨论的外交部公共外交应该干什么，以后还该不该存在，或者以什么样的方式存在都有益。

我个人的观点是，公共外交不描述比如一个国家媒体的对外传播，也不描述一个国家的社会组织跟别的国家社会组织的交流和跟别的国家友好团体的交流，也不描述一个文化团体到国外参加文化活动，也不描述二轨外交，比如退休的外交部长李肇星先生和韩国前总理，或者日本自民党的干事长之间的交流，公共外交不描述这些内容。公共外交描述的是所有这些交流产生政治效果的过程，因此它是一个抽象的概念，不是一个具象的概念，不是在描述一种行为。那么媒体外交，或者媒体对外交流，或者媒体传播、二轨外交，或者人文交流、文化外交，或者智库交流、智库外交等等，这些描述的是具体的现象、具体的行为，而公共外交描述这些行为产生效果的过程。如果这样界定，那么公共外交其实就从概念学或者语文意义上，跟其他的概念不是一个层次的，更带有一种战略性。也就是说，对于一个国家来说，在现有的两个社会之间复杂的交流之中，甚至这种交流包括政府间交流，如何让它产生更好的政治效果，且这种政治效果产生的过程在当地的社会形成良好的认知，同时这种认知还能有效地影响对方的政策输出，这是两个阶段，因此这两个阶段都要去影响。

从这个角度来看，外交部的公共外交应该干什么呢？它不是干具体的事情，而是给那些干具体事情的人一些引导和支持。如果我刚才对公共外交的界定是对的的话，那么我们外交部的公共外交重点可能就是在做这个事情。比如社会组织，我们现在给北京市社会组织做一些走出去方面的咨询。现在中央就要求社会组织多跟国际 NGO 对接，因为在这方面我们的话语权实在是太弱了，我们实际上也有很多各个领域的社会组织，但是国际活动能力极弱，导致外交很被动，同时我们出去搞民心相通、全球治理等等都没有人。我们就针对此给他们提建议。有一次研讨的时候，北京市的社会组织对一条建议特别感兴趣，不过这条建议可能让外交部的同志不高兴，因为有些越俎代庖了。我们的建议是，我们的外交部门能不能建立一种吹风机制，为我们这些社会组织专门说一下最近国外有一些什么趋势、动态，尤其是要去的国家有一些什么动态，你要注意什么，大概的底线是什么，别弄错了。他们对这一条印象特别深刻，他们觉得很好，因为他们一跟外国人接触就犯怵，这帮人本来可能是搞环保的、搞扶贫的，不知道外交是什么，但是上级部门要求推进，说这就是民间外交、文化外交，所以他们就去做。但他们其实很担心，都不知道界限在哪里，如果多建立一些这样的指导和沟通机制就会好很多。

另外，这些人中可能有一些外语人才，是做翻译的，但是真正要具体到一个国家去跟人家沟通，建立良好关系，理解对方的文化，语言上可能都能沟通，但是一旦涉及对方的文化，尤其是一些比较敏感的政治问题，他们还是犯怵，因此需要培训。我觉得如果不是外交部，可能也没有其他人能够给他们提供特别好的培训，至少外交部可以组织像外交学院或者其他一些大学来为他们进行培训，这是社会组织很需要的。还有一些其他的领域，比如京剧走出去也挺需要的，艺术是无声的语言，但是艺术怎么产生政治效果呢？京剧让人家看到大花脸，人家可能就有疑问，难道中国人都是大花脸吗？中国人为什么要打扮成这样？为什么男人要用女人的声音来唱歌呢？这样的效果对方是喜欢还是不喜欢呢？这是需要研究的。如果你不去解释，他们就会去瞎想。这个研究和解释由谁来做呢？我觉得外交部门要统筹，我们学者可以参与。具备这种战略统筹能力才能实现公共外交作为一个战略概念的效果。同时，这样才可能把具体的行为下放给各个部门去做，你要阻止各个部门去开展他们的活动是不可能的，是违背全球化的常识的，也是违背现在国际关系深度地相互依存这样一种现实的。现在最重要的可能是怎么为他们提供一些引导和服务，我想这是外交部开展公共外交应该做的。甚至即便是二轨外交，最终也不是外交部，不是王毅部长去做的，而可能是李肇星前部长去做的，或者某位前政要去做的，或者知名学者去做的，而外交部要做的就是在中间如何让它更好地产生政治效果。如果我们要厘清公共外交的战略意义的话，或者作为一个概念的战略内涵的话，可能还在于要更好地厘清外交部门作为公共外交的主管部门应该做的事情。

主持人：好的，谢谢各位专家在自由讨论时间提出的各种问题和表达的自己的专业观点，这种互相沟通和交流都是非常有益的。第一环节的发言与讨论就到这里，谢谢大家。

议题二　数字外交的理论与实践

主持人： 张广生[①]

发言人： 王存刚　张洪忠　欧　亚　任远喆

讨论人： 朱丹丹

主持人： 大家好，我是第二环节“数字外交的理论与实践”的主持人张广生。我们这一组一共有四位发言人，一位讨论人。我们首先有请天津师范大学国际关系与全球问题研究所所长王存刚教授发言，他发言的题目是“数字外交的历史经验与未来趋势”，大家欢迎。

---

① 张广生，中国人民大学国际关系学院政治学系教授，政治学系副系主任。

数字外交的历史经验与未来趋势

王存刚[1]

谢谢张老师！发言之前我先说一个感受，参加这次会议算是我的一个巨大的学术冒险。为什么这样说呢？有几个原因，一个原因就是这个题目很大，要在一个很短的时间内把它梳理出来，讲得很系统，而且讲到点上，非常不容易，加之我个人的研究水平也有限，这是一个方面的情况。另一个方面，我们在座的很多老师做公共外交或者做大数据都很有成就，而我无论是在公共外交还是大数据方面都只能算是一个票友级别的人，所以讲这个问题于我而言是一个很大的冒险。但既然来了我还是讲一讲，提出一些想法，供各位老师批评。

我觉得在正式讨论“数字外交的历史经验和未来趋势”之前，我们有必要首先界定一下数字外交的概念。

所谓数字外交，简单地说就是将数字技术运用到外交活动当中去，以维护和拓展国家利益。狭义的数字外交仅仅是指通过网络信息平台，对特定对象开展的一种外交活动。在这层意

① 王存刚，天津师范大学国际关系与全球问题研究所教授、所长。

义上，其与数字媒体外交、新媒体外交、网络外交这些概念是一致的，主要是用于公共外交领域。广义的数字外交是指在外交活动的各个环节，包括外交决策、外交政策实施、外交政策评估等使用数字技术。

我今天讨论的议题主要聚焦于广义上的数字外交。首先我们来看一下数字外交的历史经验。作为当代外交的重要形式之一，数字外交是人类进入信息化和网络化时代的一个产物，它发展的历史并不长，很多特征并没有充分展现，所以我们现在对其历史经验的总结只能是非常初步的，我总结有几个方面的情况。

第一，卷入外交事务的非国家行为体有较大幅度的增加。以往外交事务基本局限于官方层面，更具体一点讲就是中央政府层面，参与外交事务的行为体数量相对有限，形式比较简单。伴随着全球化、信息化的快速发展，特别是数字技术在外交领域的广泛应用，卷入外交过程的行为体的数量日益增多，形式上也呈现出多元特征。特别是各种非国家行为体在外交领域已经获得了不小的参与权。

以美国为例，不少数字技术企业和技术精英，或者主动或者被动地卷入该国的外交事务，在不同层次、不同程度为该国的总体外交目标服务。美国的高级外交官员，包括美国的外交部门也十分重视加强与上市企业和个人的关系。有一个著名的案例。2010 年时任美国国务卿的希拉里 · 克林顿，邀请谷歌、推特等多位 IT 业的巨头，与美国国务院的其他高级官员共进私人午餐。希拉里当时就提到，如果美国的外交政策要鼓励“民间运动”、“反抗暴力与压迫”，推特、谷歌和 YouTube 将发挥关键作用。这件事在当时引起很大轰动。其实，这从侧面反映出来的是现在进入到外交领域或卷入到外交过程中去的非国家行为体的数量问题。

第二，外交活动的技术性特征凸显。外交活动具有政治性和技术性两个基本特征。在以往的外交实践中，技术性特征更多地表现为外交决策者和外交官运用智力的技巧，但在当下这一特征已不再仅限于此，而是延伸到物质层面，也就是数字技术在外交领域当中的运用，因而物质层面的技术因素在外交事务当中的重要性日益凸显。谁占据了数字技术的制高点，谁就将在外交事务当中获得更多主动权。

我们仍然以美国为例。美国在数字技术领域占有绝对优势，比如它的巨型服务器的数量，它在搜索引擎领域所占据的优势，以及在社交媒体中所占据的优势，这些都使得美国在数字外交领域再次拔得头筹，并且成为事实上的领导者。研究美国外交的学者，比如研究美国外交制度、外交思想、外交行为、外交战略的，都已经了解到美国在全球外交总格局中的位置，无论是历史上的位置还是现在的位置，都是如此。而目前到了数字外交领域，美国仍然拔得头筹，是事实上的一个领跑者。

第三，欧美发达国家已经形成了较为成熟的数字外交理论构想和操作思路。能形成这种状况的，既与技术水平有关，也是观念创新所致。上午张清敏老师们谈到的观念创新，我非常赞同。我们再看美国的案例。正如我刚才讲到的，美国在数字技术领域是领先的，其实它在外交领域还不断有很多新的理念生发出来。当年中信出版社出过一本书，就是谈美国的外交政策如何去影响世界的。书中谈到美国的霸权主义、强权政治，但如果说把这些语言过滤掉的话，我们能看到它有很多新的理念。在数字外交领域也是如此。比如 1996 年，美国的公共外交委员会就发布过信息时代的新外交的观点，它已经将信息革命和海外公众不断增长的权利看做新外交的基础。2009 年，希拉里·克林顿就将数字外交看做 21 世纪的治国之道，当然是美国的治国之道。

所以，我们看到现在美国国务院在推特账户、在脸书上的应用主页数量都是非常大的。美国外交官通过数字外交方式来实施对外政策的案例也非常可观。美国一家研究机构的主管就说，数字外交现在已经成为美国与国际社会沟通的重要方式。这是在实践层面和操作层面上，其实到了理论研究层面，美国的数字外交研究也是走在前面的，它的理论构想是较为成熟的。

第四，新兴经济体国家的数字外交日趋活跃。尽管在技术领域，或者从技术层面上看，新兴经济体国家的技术水平在数字领域是落后于发达国家的，但它们中间一些富有远见的领导人已经看到了数字外交的巨大价值，并且在不同程度上加以利用。印度就是最显见的案例。印度总理莫迪是一个时尚达人，十分热衷于在社交媒体上与国外公众互动。2015 年 5 月，莫迪访华前夕就开通了新浪网的账户，而且把他访问当中的重要活动都第一时间向公众发送。在这之后，莫迪又通过这个账户向中国的领导人，包括普通公众示好。我检索了一下莫迪那个账户的情况，发现他向李克强总理祝贺生日，表达对于长江客船事件的关注，向天津塘沽大爆炸受害者表示慰问，甚至在账户上分享一些瑜伽姿势的信息。莫迪的这一数字外交也获得了不菲的回报，他现在在新浪的粉丝已经超过 17 万。

再一个是俄罗斯的案例。俄罗斯对于数字外交同样寄予厚望。2013 年 2 月普京签署了一份俄罗斯外交政策的新修订版本，其中提出了为创造世界对俄罗斯的客观看法及其发展，将广泛地采用新的信息和通用技术，作为对国外公众舆论的影响手段。所以现在俄罗斯外交部拥有 70 多个推特账户，从 2013 年 2 月开始，俄罗斯外长谢尔盖·拉夫罗夫的一些言论都会通过脸书及时发送。

有关中国数字外交的情况，今天上午有学者已经讲了很多，我就不再赘述。

第五，数字外交既可以行善也可以作恶。这主要是从数字外交的实际功能来看的。我们看到，数字外交在维护和提升国家形象、传播国家价值理念、收集外交决策信息、影响他国公众舆论以及危机处理等多个方面，都发挥了重要作用。上午有好几位学者的发言都已经谈到这些问题。

数字外交实施者的行为，只要符合国际法，符合国际规范，他在实践中就是可以行善的。但是在复杂的国际关系中，国际行为体的理念与诉求的差异性导致数字外交在某些情况下有可能作恶，也就是成为霸权主义和强权政治的一种新手段，成为粗暴干预他国内政事务的一种新工具。这方面最典型的案例就是2009年美国对伊朗总统选举的介入。关于这方面，媒体上有很多报道。

以上是我对数字外交的实践进行的一个非常粗略的梳理。关于数字外交的未来趋势，我有如下几点看法。

第一，数字外交将会有更大的发展。这包括三个方面的情况。首先，数字外交的表现形式将更加多样化。因为数字外交本身是跟数字技术的发展紧密相联的，数字技术的发展将使数字外交的手段更加丰富。其次，数字外交的对象也会持续增加。这主要跟移动终端的发展有关。移动终端的发展趋势必然是价格越来越低廉，功能越来越强大，而且使用者也会越来越多，因此通过数字外交去覆盖这样的人群，数量必将增加。再次，数字外交的内容将更加丰富。当人们对数字外交形式的新鲜感逐渐降低之后，内容就变得越发重要，仅就公共外交领域而言，在技术水平大体相当的情况下，哪个国家价值理念的普适度越高，文化传统越丰厚，就越容易在数字外交中占得先机，取得主动，获得实效。

就我们国家的情况而言，与其在技术层面去纠缠，不如在内容上多去思考一下。在传播学领域，我们讲内容为王，这句话到什么时候都不会过时。在公共外交领域也是如此，如果要使我们的公共外交发挥效果，达到预期目标，但又不是投入巨大而收入甚微的话，那么我们国内的善治，包括我们价值理念层面的一些东西，恐怕是非常重要的，需要融入其中。如果国内治理出现问题，即便外交官们忙得不可开交，投入很大精力，投入很多钱，也未必能收到预期效果。

第二个趋势是发达国家在未来一段时间内将仍然在数字外交领域占据优势地位。这主要跟数字鸿沟有关系。而数字鸿沟首先跟技术有关系，但更重要的是跟综合国力有关系。有时候有很多问题发展到一定阶段，就差一步之遥，可能你就是过不去。就像我们人一样，有时候我观察周围的学者，看学者与学者之间的差距，除了他们的知识储备、方法论的训练外，在视野上，可能就是在情怀、价值观念方面差了一口气，而这就是一般学者与一个优秀学者之间的差距。而数字鸿沟、数字外交等等其实也是如此。所以我觉得未来发达国家在数字外交领域占据优势，其实与其综合国力有关，而新兴经济体想要赶上来，实现弯道超车，恐怕还需要很长的时间。

第三个趋势是外交决策的难度将进一步加大。这个难度加大有如下几个方面的原因。首要原因是信息过载的问题。今天上午董青岭副教授讲了他们大数据中心的研究，这些研究当然很有必要，但大家试想一下，如果一个外交决策者每天处理的信息大大超过了他的承载量的话，这其实就变成了一个很严重的问题。现在数字外交的实施已经进入外交活动的各个环节之中，未来信息冗余的问题将十分突出。其次是信息安全问题。在数字化时代，想要保证信息安全，难度比以往任何时候都大。这同时涉及如何有效控制公众舆论的问题，因为任何外交决策的实施都需要适当的内外环境，其实公众舆论是一个关键因素，但是在数字化时代，公众舆论的碎片化倾向十分明显。今天上午熊炜教授也谈到了我们的官方媒体、官方话语跟我们的民间话语还有其他媒体之间背离的状况，所以现在凝聚共识变得十分困难。这就对外交决策者控制公众舆论的能力提出了非常高的要求。

第四点趋势是对外交官的信息素养提出了更高的要求。信息素养这个概念是由美国一位叫保罗·泽考斯基的学者提出来的，它涵盖了文化底蕴、信息意识、信息技术三大方面，具体包括信息认知、信息获取、信息分析、信息加工、信息创造和信息协作六个方面的能力。在信息化快速发展的大背景下，外交官的信息素养比以往任何时候都要重要。今天上午一些学者都谈到了，而且是用他们的亲身经历谈到这些问题。如果外交官的信息素养很低，很可能导致其在数字外交方面的举措失当，其结果严重的话就可能引发外交纠纷甚至外交危机。比如美国驻俄罗斯大使迈克尔·福尔在推特上发表了有关俄罗斯反对派的言论，就导致他与普京总统办公室之间的关系很紧张。这还算是轻微的纠纷。再如美国前驻叙利亚大使福特，由于在推特上发表了有关叙利亚民众起义的信息，被叙利亚的现政府驱逐出境了。基于这样一种情况，未来各国势必加大外交官的信息素养培养和提高的力度，以适应数字外交的需要。

我2015年在《外交评论》上发表了一篇文章，名字叫《大数据与外交决策》，其中也涉及到这方面的问题，那个研究虽比较粗糙，但不管怎么说，我觉得未来我们的外交官还需要在这方面继续提高素养，也就是驾驭融媒体时代、数字外交时代的外交。我觉得今天上午张清敏教授关于外交本质的发言讲得非常好。开展数字外交有一个前提，就是要对外交的本质有非常深入的了解，不能把很多不属于这个领域的东西加到外交部身上，让外交部不堪重负，最后变得它能做的事情别人都能做，而别人能做的事情它可能做不了了。

以上就是我的一个很粗浅的发言。谢谢大家。

主持人：非常感谢王存刚教授的发言，王教授用非常短的时间回顾了数字外交的历史，并对数字外交的未来趋势做出了一些评估和预判。他强调今天我们所依赖的数字网络技术已经突破了传统的民族国家的主权边界，建立了一种新的跨国政治关系，这更加有助于公共外交延伸到对方的民众中去，这种政治性和技术性在今天有一种高度的偶合性，或者叫匹配性，我们确实要面对这样一个新技术变革所带来的基础权利结构，也就是基础设施（infrastructure）的变化。传统上我们国际政治和政治学讲的权力都是以主权为中心的国家权力，多数都是despotic power（专权），它能够把重要的权力集中起来，那么我们外交的对象也为中央政府等这些主要的国家行为体所垄断。但是，这种状况随着经济交流、文化交流已逐渐被打破，特别是现在伴随着新的网络技术的出现和发展，虽然其在技术结点上可能大部分控制在比如美国这样的国家手中，但是另一方面它有一个非常友好的所谓“全球村”（global village）的界面，大家能够把信息投放在上面，并能够迅速传达到指定的群体或者个体，产生大众传播的直接效果，这确实给中国的外交带来了新的挑战。

另一方面，王存刚教授除了讨论了技术因素外，又提醒我们不要忘记内容，就是我们一直强调的“内容为王”。我们今天特别强调什么走出去，什么请进来，强调树立中国的公共外交形象。那到底要让什么走出去，这是非常关键的，需要好好选择、好好设计。虽然说所有的技术手段都能为我们塑造国家形象，维护国家利益服务，但是我们有哪些价值能够传播到对方那里，能够建立我们的美誉度，为我们的外交拓展一个新的空间，这就需要在内容层面多下功夫。只有这两方面配合起来，我们的公共外交才更有可能发挥数字平台的优势，同时在新的基础权利架构下还能对抗我们常说的西方文化霸权，这可能是非常重要的。

接着有请北京师范大学新闻传播学院副院长张洪忠教授发言，他的题目是“中央级媒体的海外网络传播力——基于网络数据的挖掘分析”，大家欢迎。

中央级媒体的海外网络传播力

——基于网络数据的挖掘分析

张洪忠[①]

我这次基于对大数据的挖掘，做了一个中国传统媒体海外网络传播力的研究。

大数据里面有一个非常重要的信度与效度问题，也就是科学性的问题，因为一个数据它可以只有5%的解释力，也可以有20%的解释力，也可以有70%的解释力，也可能有90%的解释力，这个信度问题应该是大数据最核心的问题之一。如果我们只有一个15%的信度，却做一个100%的决策参考，这是很可怕的，这是我这几年讲大数据的时候反复强调的第一个问题。那么第二个问题就是模型的建构问题，就是上一节周鑫宇老师讲到的，我们有时候得到一个简单的数据，却违背了常识，也就是说我们可能是有数据无常识，这是我们大数据里需要特别注意的问题，因为你若没有一个常识，进行理论预测的

① 张洪忠，北京师范大学新闻传播学院教授、副院长。

时候，很难去解决这个问题。这是我讲报告之前希望跟大家分享的两点。

就我的报告而言，我们做的是中央级媒体的海外网络传播力研究。海外媒体进行传播是我们整个外交形象展示的重要渠道。那么作为一个渠道，它们发出的声音是怎样的？有多大？在哪些方面大，哪些方面小？我们都需要知道，尤其是中央级媒体，它们代表整个国家的声音。西方人认识中国，很多时候就是通过中国的媒体来认识的。就西方的媒体而言，它们很多都关注中国的动态，它们对中国进行的解读，也主要是通过中国的媒体来看的。

我们团队从五个维度来建构海外网络传播力的指标体系。一是谷歌的维度，具体包括谷歌新闻（Google News）和谷歌趋势（Google Trends）这两个指标。第二个是维基百科，包括在维基百科中词条的完整性、被编辑的次数、链接的情况等指标。第三个是推特的维度，包括官方账户的粉丝数量等等这些指标。第四个维度是脸书，指标包括账户的好友数量、更新、点击量等。第五个是 Instagram 的维度。模型一共是五个维度 22 个指标（参见图 1）。之后，我们把这二十几个指标的数据放在一个模型里计算，就得到一个中央级媒体海外网络传播力的总排名（参见图 2）。我们采集的数据是 2015 年全年的。我们把它全部挖掘出来，然后进行分析，看这些媒体的权重是怎么样的。

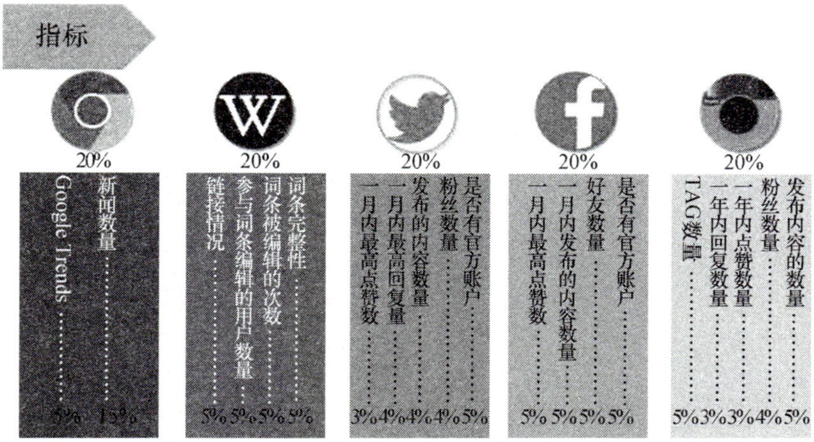

图 1　海外网络传播力指标体系

算法

$$Y = \sum_{i=1}^{5} \sum_{j} a_{ij} \frac{K_{ij} A}{a_j}$$

γ：任意传统媒体的海外网络传播力得分；
a_{1j}：Google搜索任意指标的数值，j=1，2；
a_{2j}：维基百科任意指标的数值，j=1，2，3，4，5；
a_{3j}：Twitter任意指标的数值，j=1，2，3，4，5；
a_{4}：Facebook任意指标的数值，j=1，2，3，4；
a_{5j}：Instagram任意指标的数值，i=1，2，3，4，5；
K_{ij}：任意指标的权重；
a_{j}：任意指标的均值；
A：所有指标的均值的和。

图 2　任意传统媒体海外网络传播力得分算法

下一个问题，我们主要分析的是哪些中央级的媒体呢？我们选取了人民日报、中央电视台、光明日报、中国日报、中国青年报、经济日报、中国新闻社、新华社、中央人民广播和中国国际广播电台这十家媒体。一方面是就总体得分而言，看看谁高谁低；另一方面就是看看它们在具体指标上的表现。同时我们还要跟国外同行做个比较，所以我们把美国有限电视新闻网（CNN）、英国广播公司（BBC）、韩国广播公司（KBS）、朝日新闻等亚洲和欧美的媒体都纳入进来做了一些比较。

我们先来看看总的得分。第一是人民日报，第二是中央电视台，第三是新华社，第四、五名是中国日报、中国国际广播电台，后面的六到十名分别是光明日报、经济日报、中央人民广播电台、中国青年报和中国新闻社，这是它们的一个总排名。我们又把总排名靠前的几名跟路透社、KBS 和 CNN 做了个比较，很显然，我们跟 CNN、路透社没法比，因为它们本来就是英文的。人民日报跟 KBS 差不多，但还是稍微低一点（参见图 3）。也就是说，我们最厉害的媒体跟韩国的媒体比较时，我们话语的数量以及传播量都是比不过人家的。

接着我们来看每一项指标。第一项是在谷歌维度上的得分，最高的是人民日报，第二是中国日报，然后是中国国际广播电台，最低的是新华社。然后我们跟国外媒体对比一下，把十家媒体的一个平均值以及最高得分的人民日报跟路透社比较，路透社明显比人民日报高，我们十家媒体的平均值是比较低的

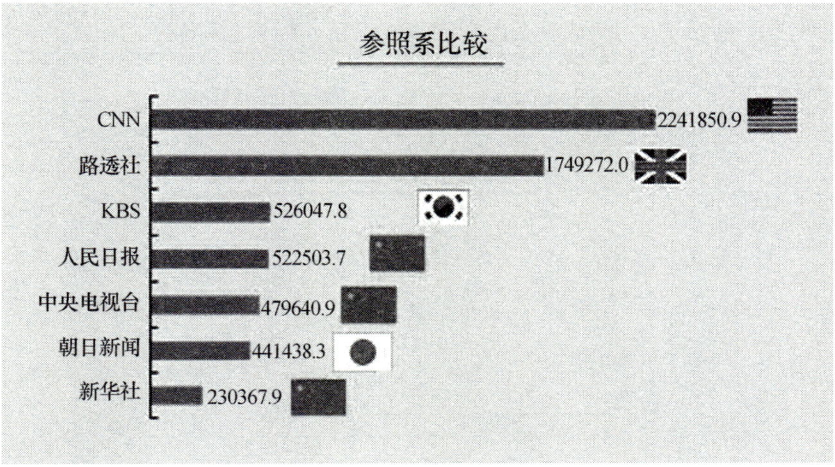

图 3　主要媒体总体得分比较

(参见图 4)。单单从通讯社来看，新华社、中新社跟路透社比，我们的声音是极弱极弱的。新华社、中新社、路透社都是世界上最大的通讯社，可在英文的世界里，我们的通讯社在谷歌中被检索的数量还是偏低的。

下面我们看一下推特这一维度的情况。在推特里面我们得分最高的是中央电视台，第二是中国国际广播电台，然后是新华社，最低的是中国新闻社和光明日报。推特里面还有很多指标，比如最近一年参与编辑的次数，BBC 是 448 次，中央电视台最高是 57 次，十家媒体平均是 17 次。另外，我们这十家中央级媒体中有六家在推特是没有账号的，有账号无认证的是三家，只有一家是有认证的。也就是说，在社交媒体推特平台

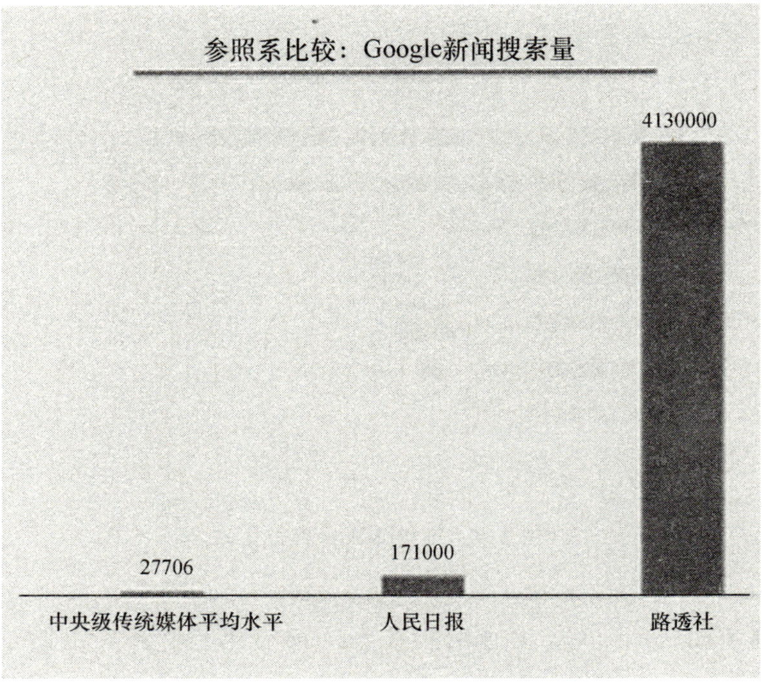

图 4　中央级传统媒体与路透社的 Google 新闻搜索量比较

上，我们国内的媒体是没有去好好经营的，但这个平台对我们的公共外交是极其重要的。再回过头来看看美联社、泰晤士报、朝日新闻，他们在推特都是有认证账号的，粉丝数量也远远高于我们在推特上做得最好的中央电视台（参见图5）。

再来看维基百科。维基词条链接的数量，泰晤日报是两万，我们最高的是新华社，有2359，这个也是很低的（参见图6）。

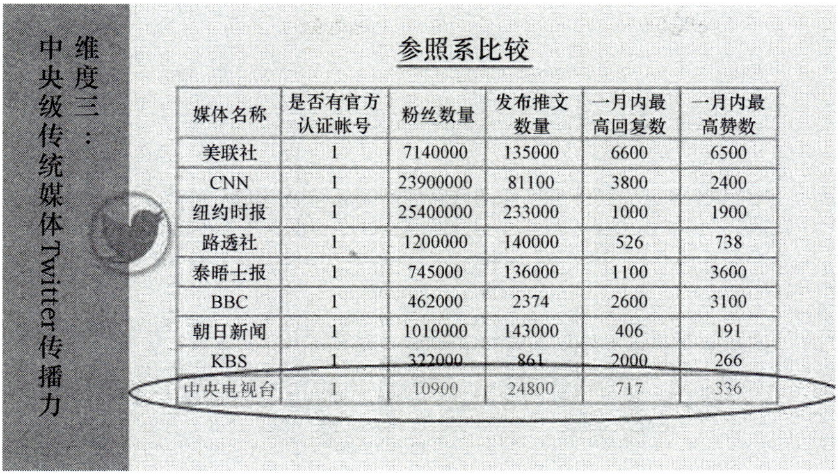

媒体名称	是否有官方认证帐号	粉丝数量	发布推文数量	一月内最高回复数	一月内最高赞数
美联社	1	7140000	135000	6600	6500
CNN	1	23900000	81100	3800	2400
纽约时报	1	25400000	233000	1000	1900
路透社	1	1200000	140000	526	738
泰晤士报	1	745000	136000	1100	3600
BBC	1	462000	2374	2600	3100
朝日新闻	1	1010000	143000	406	191
KBS	1	322000	861	2000	266
中央电视台	1	10900	24800	717	336

图 5　中央电视台与国际主要媒体 Twitter 传播力比较

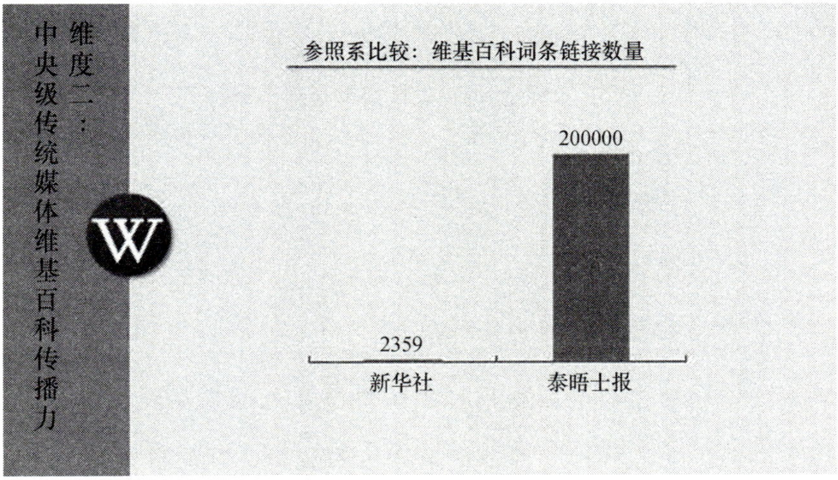

图 6　新华社与泰晤士报维基百科词条链接数量比较

第四个维度是脸书。在脸书这个维度上我们得分最高的是人民日报，第二是中央电视台，新华社排第三，最低的是中国新闻社和中国青年报，二者都是零（参见图 7）。在脸书上我们有账号的是六家，无账号的是两家，有账号无认证的是两家。

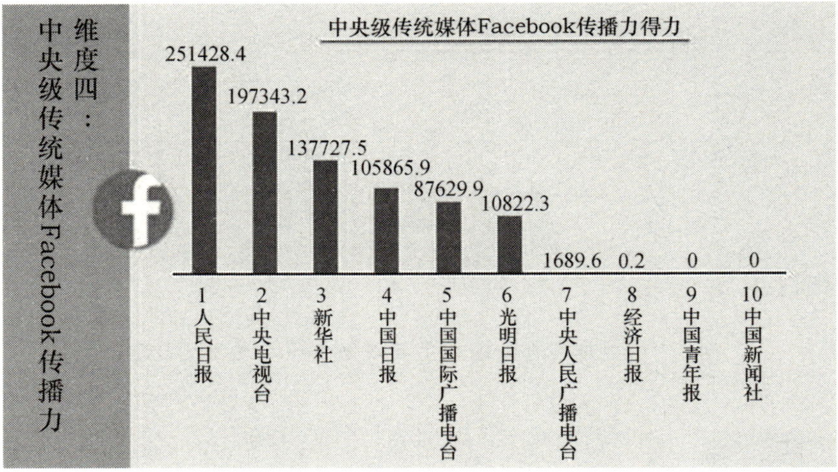

图 7　中央级传统媒体脸书传播力得分

最后一个维度是 Instagram。Instagram 是比较新的一个媒介，年轻人使用得比较多。在这个维度上，人民日报社得分最高，第二是中央电视台。最低的是光明日报、经济日报和中国国际广播电台等七家，他们的得分全部都是零。这就是一个很大的问题，也就是说我们没有去建设它，一片空白，所以七家都是零。这说明在做对外传播的时候，我们对最新的媒介渠道的把握是严重滞后于现实发展需要的。打个比方，当年轻人都在用 Instagram 的时候，我们五六十岁的决策人还是看报纸、看电视，这是严重的滞后，会造成传播渠道跟人群之间的错位，所以我们在这方面的建设是完全不及格的。即便是我们在 Instagram 上得分最高的人民日报，在跟国外媒体比较的时候也是很低的（参见图 8）。

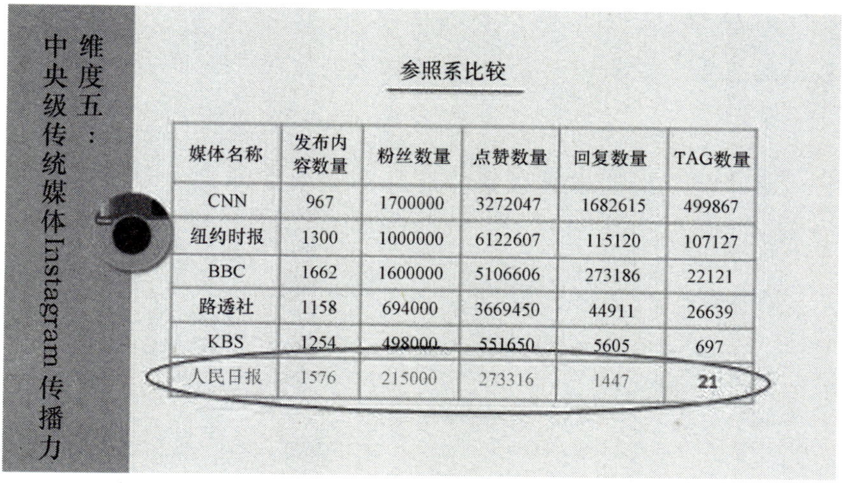

媒体名称	发布内容数量	粉丝数量	点赞数量	回复数量	TAG数量
CNN	967	1700000	3272047	1682615	499867
纽约时报	1300	1000000	6122607	115120	107127
BBC	1662	1600000	5106606	273186	22121
路透社	1158	694000	3669450	44911	26639
KBS	1254	498000	551650	5605	697
人民日报	1576	215000	273316	1447	21

图 8　人民日报与国际主要媒体 Instagram 传播力比较

总体而言，我们的主流媒体运用英语世界的平台来进行传播，存在一个很大的差距。即使我们跟亚洲的朝日新闻、KBS 两个比较，在应用新媒介方面还是有差距的。我们得分最高的中央电视台、新华社都比 KBS 低一些。而最关键的一点是，我们在新社交媒体上的建设是严重滞后于现实发展的，比如推特和 Instagram 都是偏年轻的群体在使用，而在这上面我们是严重缺位的，近乎是空白。这就是我们在通过中央级媒体进行传播的时候面临的一些问题。

我今天就先简单地分享这么多，谢谢大家。

主持人：谢谢北师大新闻传播学院的张教授给我们做了一个很好的PPT展示，他为大家介绍了他们项目组的研究模型、数据的采集、分析的对象以及中央级媒体海外传播力的排名情况等等。最后他还向我们提出了需要进一步思考的话题，也使我们认识到我们的中央级媒体在海外的网络传播力方面还是任重而道远的。

下面我们有请第三位发言人，外交学院外交学与外事管理系的副教授欧亚来发言，她的题目是“众媒时代下的媒介化公共外交”。

众媒时代下的媒介化公共外交

欧　亚[①]

各位老师下午好，今天听了各位的讨论，我个人感觉很多老师都涉及到公共外交实践当中一个比较重要的问题，就是公共外交的效果。我想从媒介公共外交，或者说从用大众传播渠道来做公共外交这一角度来谈一点自己的想法。

我们知道，一战是人类历史上第一次总体战，战时宣传成为战争重要的组成部分。一战战时宣传被视为人类宣传史上的分水岭，因为从一战开始，主要的参战国为了赢得战争胜利，成立官方宣传机构，第一次同时针对国内外广泛受众，运用大众媒介渠道进行系统的、大规模的政治宣传。战时宣传实践催生了战时和战后对宣传效果的研究。传播学的奠基人拉斯韦尔提出了传播的5W模式，谁（Who）通过什么渠道（in Which Channel）对谁（to Whom）说了什么内容（says What）取得了什么效果（with What effects）。如果将公共外交视为一种国际政

① 欧亚，外交学院外交学与外事管理系副教授，公共外交研究中心研究员。

治传播，那么从一个比较微观的、信息传播的层面来看，什么是公共外交的效果？就是一个公共外交活动执行之后，你是影响了目标受众对现实的认知，还是加强或改变了受众对这个问题的态度？甚至改变了目标受众在现实当中的某种行为？这是传播效果，或者公共外交的信息传播效果所要关注的问题。

对于中国来讲，我们面临着一个非常现实的问题是，我们没有非常有效的渠道，去进行通过大众媒介载体可以进行的公共外交活动。

为什么这么说？我跟外交学院朱立群教授、熊炜教授之前做了一个关于北京对外传播的项目。我们针对在京的外籍人士做了一个问卷调查。其中一个问题是问受访者：你没来北京之前，是通过什么渠道来了解北京的？我们可以看到中国的外宣媒体的排名是非常靠后的，也就是说那个外国人没来北京之前了解的关于北京的信息，主要是通过人际传播渠道，即他周围来过北京的亲朋好友，还有他们国家的主流媒体、社交媒体，并不是我们国家的外宣媒体（参见图1）。

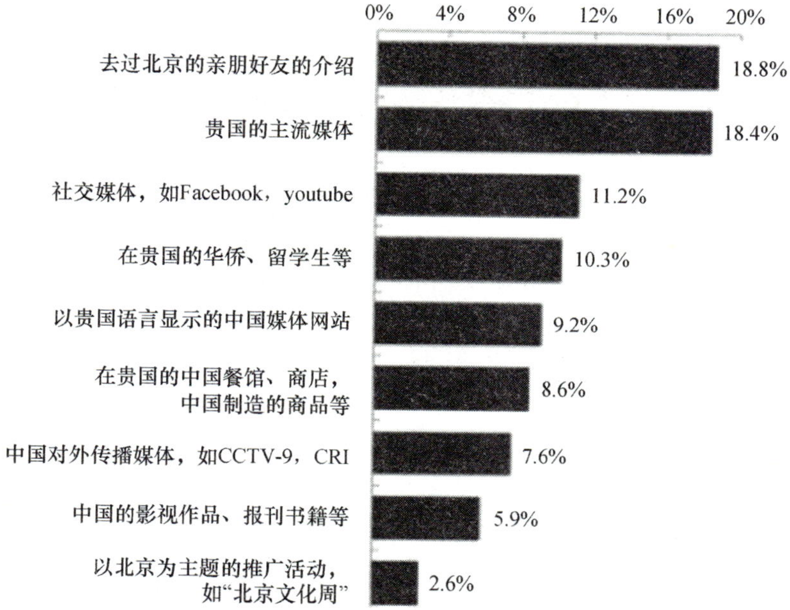

图 1　在京外籍人士没来北京之前了解北京的信息渠道

他们来到北京之后这个情况有什么变化吗？问卷中有问题问道：你来到北京之后，是通过什么渠道了解北京的？中国的外宣媒体仍然处于比较靠后的一个位置（参见图 2）。

我们这个研究结论，也受到其他相关学者研究的支持，例如中国人民大学、广东外语外贸大学等高校学者的研究涉及到外国人信息传播渠道的调查时，也都得到同样的结果：外国人不把中国的外宣媒体作为信息来源，这很好理解，发生重大新

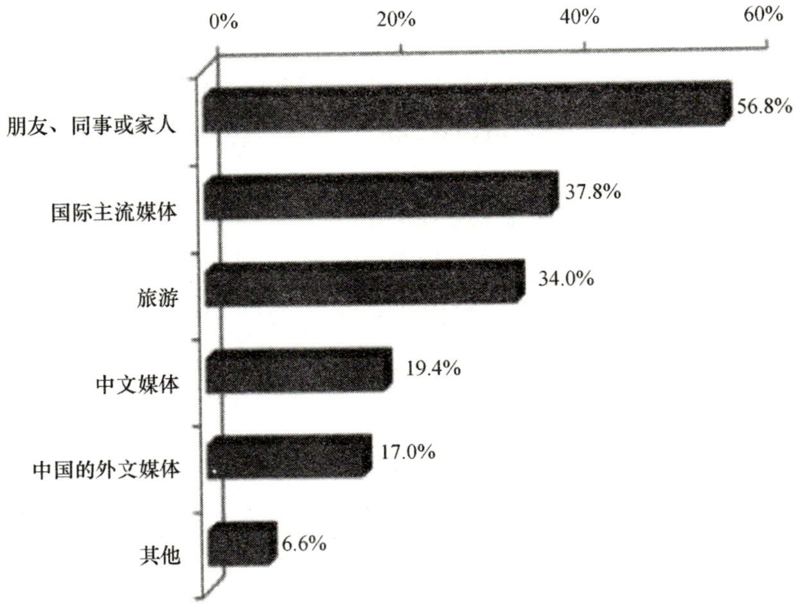

图 2　在京外籍人士来北京之后了解北京的信息渠道

闻时，美国受众不会说我看看 CCTV 英语频道怎么报道这个事件的，他只会想着去看他们国家的主流媒体，如 CNN、福克斯新闻频道。

也就是说，中国公共外交通过大众媒介去做的话，存在渠道失灵的问题，你的信息根本没有办法有效抵达到国际受众那里。那事实上，我们说中国形象也好，北京形象也好，以及国际受众对于我们国家外交政策的认识也好，既然国际受众对中国外宣媒体的接触率是很低的，那又是由谁来决定他们对这些问题的认识和判断的？由谁来决定国际受众怎么去认知中国的形象，怎么去认知中国的外交政策的？

我们还是以北京形象为例，我们做了从2006年到2015年这十年北京在《纽约时报》中的形象分析，并对比了一个城市——东京。我们可以看到，从历时性来看，北京在《纽约时报》当中的提及率是逐年上升的，尤其是在2008年因北京奥运会这种重大的媒介事件而出现了一个顶峰。2008年之后就快速滑落了，但是跟东京比仍然处在一个比较高的水平上（参见图3）。这当然能从侧面反映出中国的国际地位，包括北京作为中国首都国际地位的提高。

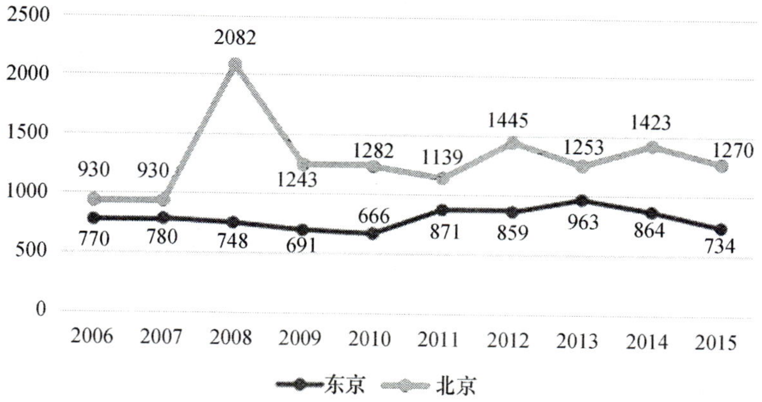

图3　2006—2015年东京和北京在《纽约时报》中的提及率

但如果我们再用媒介内容分析的方法仔细来看，会发现《纽约时报》虽然关注北京越来越多了，但它是怎么来报道北京的呢？首先就是基本上把北京当成一个政治符号。我们发现历年报道当中有近九成的报道都是把北京当成中国政治的首都，其报道说中国政府对国际事件有什么反应、什么立场态度的时候，会提到北京声明、北京说，就是把北京当成一个政治符号而已，并不是真正关注北京本地发生的新闻，约九成报道都是这样。跟东京对比，《纽约时报》不会把东京当成日本政府的一个符号代表，其报道东京的时候，基本上都是真正地报道东京发生的比较多样化的议题。

这里是做了构造周抽样，抽出来的不到两成报道当中，真正以北京为报道主题的报道，大部分都集中在政治议题上，最常见的一些议题参见表1，其次才是文化议题、社会议题和经济议题，这些都只占到非常小的一个比例。

表1　纽约时报对北京政治议题的报道量

一级议题	政治									
二级议题	对内管制	人权	社会治理	对外交往	对外限制	国家声誉	宗教问题	司法裁决	民族问题	意识形态
报道数量	26	15	15	9	5	5	4	2	1	1

我们再聚焦于一个具体的新闻报道，了解一下《纽约时

报》对北京新闻事件的典型报道。这是2011年4月4日的一篇深度报道《在中国宏伟的新博物馆，历史紧跟党的路线走》(At China's Grand New Museum, History Toes the Party Line)。这篇报道的新闻由头是位于北京天安门广场的新国家博物馆即将全面开放，新闻导语即描述了一个冲突性的场景："在中国国家博物馆，那些对近代中国复兴之路感兴趣的参观者可以看到邓小平访美时所戴的牛仔帽，也能看到胡锦涛在汶川地震后鼓励灾民共渡难关时用的大喇叭，但是对"文化大革命"感兴趣的参观者只能在一个不起眼的角落里看到一张照片和三行文字说明，这是大到有200平方英尺空间的中国国家博物馆对那段历史的唯一展示。"接下来，新闻叙事主要按照上述场景隐含的两条线索交叉展开：一条是博物馆对展出内容的设置，按照政治需要美化了古代史，突出了鸦片战争以来近代史的某些内容又淡化了另外一些内容，导致展出了开头场景中所述的平淡无奇的展品；另一条是博物馆曲折的重建过程，中国高层领导希望以一个世界首屈一指的博物馆来帮助获取奥运会主办权的北京提升城市形象，也同时能成为代表中国崛起的丰碑。记者通过报道来表明政治权力决定了博物馆的形式和内容，并直接引用历史学家的观点"共产党担心如果允许对历史的另外一种表述，会影响其合法性"，并转引博物馆专家的观点"伟大的博物馆不在硬件"来表明倾向性。也就是说，冲突框架不仅用于对北京社会治理、涉及人权和宗教问题上的报道，即使是文化方面的报道也会被置于政治权力冲突控制的框架下进行报道。

对以北京为主题的报道进行关键词分析（参见图5），也印证了上面的结论：

图5　以北京为报道对象的新闻关键词

总结一下，中国进行公共外交，在大众传播渠道上，我们首先面临的是渠道失灵的问题，其次在具体的传播内容上，西方受众更多接触的有关中国、有关北京的信息，是处于西方媒体一种负面、冲突性的报道框架下的。

那该怎么来应对这种情况？我这里引用美国罗伯特·恩特曼（Robert Mathew Entman）教授于2008年提出的“媒介化公共外交”概念来对这个问题进行一些阐述。恩特曼教授认为应该用媒介化公共外交来区分公共外交和媒体外交，因为在媒体外交方面媒体既可以作为一个行为体，又可以作为一个渠道；但是非媒体以外的公共外交行为体，去利用媒体渠道进行公共外交的话，恩特曼教授则称之为“媒介化公共外交”，即只是把媒体作为一个传播渠道去宣讲你的外交政策。

他研究的议题是一个比较经典的议题，就是媒体跟外交政策之间的互动，但是外国媒体跟本国外交政策之间的互动，即一国政府如何能够为目标国家的媒体设置议程。例如，美国和塔利班组织都会在巴基斯坦进行竞争，试图影响巴基斯坦媒体关于恐怖主义的报道。这其实转化成一个操作层面的问题了，例如如何了解目标国媒体的媒体规范，如何跟媒体之间进行互动，然后在多个竞争性源中能够脱颖而出，成为目标国媒体一个非常重要的议程设置者。

那么，什么因素决定了公共外交主体进行媒介化公共外交能否取得效果呢？恩特曼教授分析了美国政府进行媒介化公共外交的情况，提出了一个框架。他认为取决于两个比较宏观的条件，一个是目标国自身的媒体制度，还有一个是该国的政治文化总体来说对美国及其外交政策秉持的一种态度。

结合大家上午的讨论，如果我们真的要把通过媒体渠道对所在国受众进行的信息传播活动定义为一种外交行为的话，那核心肯定是要跟外交政策相联系，要服务于实现本国外交政策的目标。上午大家所说的文化团体的交流活动，或者媒体记者之间的交流活动，从广的视角来看，可能会产生一种公共外交效应，但可能并不是公共外交较核心的内容，我个人比较保守地讨论一下公共外交的定义，我认为公共外交的核心内容还是应该保证外交政策的实施。

那么，按照恩特曼教授提出的假设，文化活动也好，文化交流也好，实际上是奠定了一个国家能够实现其媒介化公共外交的一种前提条件，为实现你的核心目标提供了一种情境，当然这个情境的建构并不单单是靠外交部，或者是外交官员的努力就能够做到的。

现在因为新媒体的出现，媒介化的公共外交当然面临一些新的形式和变化，当中最重要的变化就是我们已经进入一个众媒时代。如前面我们所讨论的，我们通过传统媒体进行对外传播的效果可能是有限的，那么在一个社交媒体平台上，你也不会突然就具有很强的传播能力，刚才张洪忠教授做的实证研究也证实了这个情况：在前数字外交时代的劣势只会延续到数字平台上。

数字时代跟前数字时代最根本的区别就是，数字技术对个体的赋权导致信息传播门槛更低，但速度更快，范围更广，任何一个个体、非政治组织、非国家行为体都有可能成为传播平台上、整个信息传播网络中非常关键的结点（node）。

对于政府来说，这当然有好的一面，就像刚才王老师所说的，你的传播能力强的话，你等于增添了新的手段去影响你的目标国家受众的认知、态度跟行为，你可以更有效地对那个国家的民众进行政治动员。

当然，它所带来的问题也有很多。政府机构并不是数字平台上唯一的、有权威的信源，同时要面临更多的信源竞争。对于外交部门来讲，传统媒体时期我们做不到跟外国受众有直接的接触，只能通过大众媒体渠道，或者通过本国的外宣媒体，或者通过影响目标国的媒体来接触。所谓的媒介化公共外交，更多地要考虑怎么样能更有效地去影响外国记者，或者影响外国媒体对本国外交政策的报道，成为其非常可信的一个信源。那么，新媒体平台是不是能解决这个端口问题？包括很多老师讲到在数字社交媒体这个平台上，我们可以建很多的账户，也可能有一定规模的粉丝，但是新媒体传播，按照一些学者的观点应该是推动公共外交向 2.0 方向演进，即能够促成对话、达成交流，但我们看现在的情况，社交媒体上的驻外使馆，他们建了账号之后，传播效果怎么样？包括我们国内微博上的外交小灵通，是将其作为一个类似 Web1.0 的网站那样发布信息而已，还是实现了同公众的对话？

新媒体平台并不一定天然地就能带来跟目标受众国家民众的对话和交流。实际上，新媒体传播相当于自己去办一个媒体，过去只能通过传统媒体渠道去传播信息，但现在你有了自己的渠道去传播信息、促进交流，这其实是对于外交人员专业能力的一个新要求，有可能你是一个优秀的外交官，但你不一定就适合从事新媒体平台上的公共外交工作。从传播策略来讲，我们要考虑很多问题。新媒体平台上的传播应该由专业的人来做专业的事。

以上就是今天想跟大家进行交流的一些想法。

主持人：谢谢欧亚老师，欧老师主要是以公共外交借助新媒介达成一定效果作为切入点的，她通过列举所研究的一些个案，为我们揭示了目前中国公共外交在新的数媒时代所面临的问题。她尤其强调了渠道问题，或者说是最后一公里的困境。

一方面我们好像认为所谓的数字和网络的技术已经突破了边界，但另一方面我们的外宣内容，或者是民间的公共外交内容，想要在目标国家落地，但在落地的时候却发现渠道有问题。首先我们没有自己独立的渠道，必须和所在国家的渠道建立一种联系，但是所在国家比如我们重点关注的美国，她有自己的一套媒介环境和结构，也有她对中国的一个基本认知。这些都使她在面对我们的信息时会进行过滤，无论是在议程设置方面，还是在二级传播方面，都会使我们想要传播的那些内容在经过这些中间的过滤环节时发生各种改变。所以我们看到这最后一公里的困境是很明确的，我们之后还有时间，大家届时再继续讨论这个话题。

下面我们有请外交学院外交学与外事管理系的副教授任远喆来发言，他发言的题目是“数字外交及其在中国的实践问题与方向”。

数字外交及其在中国的实践问题与方向

任远喆[1]

谢谢主持人。我觉得我想的很多问题还很不成熟，特别是在张清敏老师和王存刚老师都谈完外交转型和数字外交之后，我再来发言就觉得有很大压力。时间有限，我就简要谈一谈最近的一些思考。

前一段时间我邀请了一位来自牛津大学的学者，他是做数字外交比较有代表性的知名专家，写过很多相关文章，还出版了几本书。与他交流之后，我们想一块儿写一篇关于数字外交的文章。下面我就把我的一些初步的想法，加之他从西方角度如何看待数字外交、数字外交的边界问题，包括相关内容的界定，给大家做一个简单的汇报。

数字外交在近年来逐渐成为国际上外交学研究的重点。2015 年数字外交的研究出现了一些新的成果，比较有代表性的是荷兰国际问题研究所外交学方面的专家梅利森撰写的 *Diplo-*

---

① 任远喆，外交学院外交学与外事管理系副教授、领事教研室主任，公共外交研究中心研究员。

macy in Digital Age（《数字时代的外交》）。他在出版这个报告之前也来外交学院就报告的一些内容跟我们进行了交流。

我还邀请了牛津大学的科尔内留·伯约拉（Corneliu O. Bjola）教授，他在外交学方面做得很好，特别是他有一个网络化的平台，把欧洲所有做网络外交、数字外交的学者都组织在一起，在网上还经常有一些相关的联线。他也刚出了一本书，名为 *Digital Diplomacy*：*Theory and Practice*（《数字外交：理论与实践》）。受他们的启发，我对数字外交也产生了兴趣。

我跟王老师一样，首先对数字外交进行了一个简单的界定，但不一定准确。学术界对于网络、数字化等信息化时代的外交有不同的说法，例如 cyber（网络外交），digital（数字外交），virtual（虚拟外交），E－diplomacy（电子外交）或者 new media diplomacy（新媒体外交），那么到底它们之间怎么来区分呢？其实我看了相关的文献觉得还是挺乱的。例如，2015 年 11 月 3 日在《外交事务》（*foreign affairs*）刊物上有一篇文章，名叫"数字外交"（digital diplomacy），我以为跟我们外交讲的话题比较类似，但仔细一查发现讲的是习近平主席访美第一站到了西雅图，拜访了美国一些大型的新科技公司，跟那些公司老总对话，作者认为这是中国外交的一种新做法，希望奥巴马政府能够给这些高科技公司一定的自由度，让他们作为和中国发展关系的一个突破点。

这里"数字外交"的概念与我们理解的就有很大的差异。

在这个概念里面最容易混淆的可能是网络外交和数字外交。刚才王老师给数字外交做了一个很好的界定，但是它和网络外交有什么区别呢？我也想了一段时间，前天在网上发现了一个最新的关于这两个概念的辨析。作者是荷兰国际关系研究所的一位学者，他在南加州大学的公共外交学院网站上发布了一篇文章，该文章对网络外交和数字外交有一个界定和区分。我觉得他的界定还是挺有意思的。现在欧洲外交学的学术共体把他的这篇文章放到推特上进行了转载，认为他界定得很好。

他说“digital diplomacy”（数字外交）是“use digital technology tools to do diplomacy”，就是用数字化的工具和技术来做外交工作。“Cyber diplomacy”（网络外交）是什么呢？他说“use of diplomatic tools to resolve issues in cyber space”，认为网络外交是用外交的方式、外交的思维来解决网络领域产生的种种问题。

他这样进行了区分。我们不评判他区分得对不对，但是他至少代表了一种观点，就是对数字外交和网络外交进行了一个分割，所以我也简单地有个界定。我认为概念的界定是研究这个领域重要的开始。

我认为数字外交就是主权国家和国际组织（我还是把它和传统的外交结合在一起），利用互联网以及手机移动为传播媒介的这些数字媒体，作为信息传播渠道和政治沟通渠道产生的外交的一种新方式，特别是随着信息技术的发展（现在4G，未来5G），数字化的技术在外交中的应用可能会得到进一步发展。

当然刚才王老师也提到了，在美国、英国、俄罗斯，数字外交都已经有很悠久的历史，不管是学术的研究还是政府的一些实践的做法。美国前国务卿希拉里提到的 21 世纪的治国术，就是利用数字的方式。英国的数字外交做得是非常好的。俄罗斯用的是创造性外交（innovative diplomacy）的概念。我这个 PPT 上显示的图片，就是俄罗斯外交部长拉夫罗夫和总理梅德韦杰夫利用会议间隙在网上看他们的推特账户，进行交流。

可以看出，这几个大国对于数字外交都有一些很好的思考、做法以及学术上的研究。在外交学上，我们根据英国学者尼克尔森对外交方式演变的经典论述，从意大利式外交、法式外交到新外交，我觉得现在的外交可能出现的变革是一个数字化时代产生的非常根本性的变革，不管是从外交理念、外交手段还是外交规则来讲，都是非常根本的。从意大利式外交到法式外交，更多地是一种“术”的变化，是理念上从欺骗外交到诚信外交的转变。而从法式外交到新外交，主要是一种外交公开化的转变，而新外交到全球化时代，或者到现在数字化时代外交，则是一种根本性的变革，所以它的重要性是非常突出的。

和牛津这位学者交流之后，我们将数字外交带来的变革分三个方面来论述；第一是 digitalization（数字化），第二是 crisis communication（危机沟通），然后是 public diplomacy（公共外交）。

首先来看一下数字化。数字化主要指以外交部为代表的专职外交机构对数字工具的一种制度性应用。图 1 呈现的就是

2015 年在不同地区和不同国家，外交部对于社交媒体的使用情况。研究者还进行了一个对比，对比不同国家的使用率，看谁的最多；还有就是几种通讯工具的使用状况，推特、脸书还有优酷，用得最多的是推特；还有就是多少个外交部没有用，16% 的外交部没有用，其他的外交部都用了。

然后谁的关注者（follower）最多呢？上面有一个统计，就是印度外长的，这是 2015 年的一个数据，印度外长的追随者最多，有 400 多万人。这个图主要是讲外交部在外交的代表、外交的调研、外交的谈判中，对于数字化工具的一种使用。我觉得这是“数字化”的第一个方面。

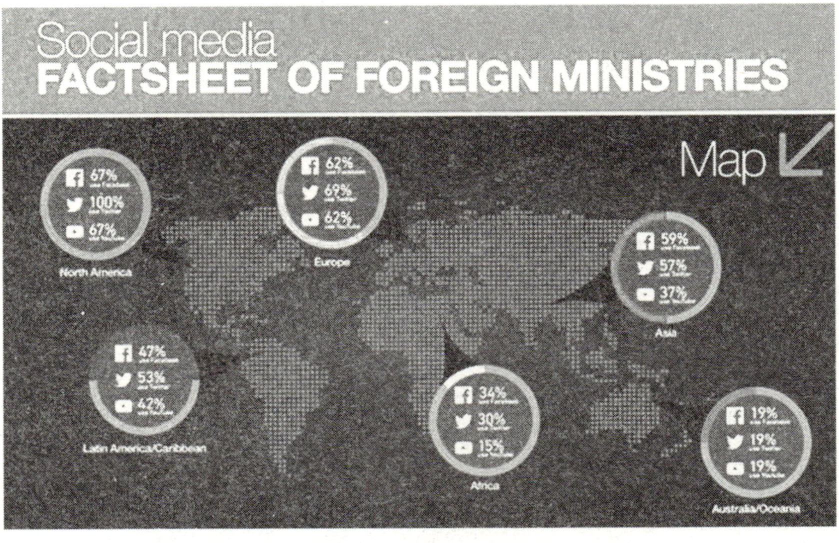

图 1　各国外交部对社交媒体的使用情况

［上图信息源自“外交研究基金会”（Diplo Foundation）的研究成果，发表于 2016 年 3 月 13 日。］

第二个方面就是数字化是一种外交战略，主要是各国通过什么样的途径来对数字化手段进行运用。这体现在两个方面：一方面是危机的沟通；另一方面是公共外交。当然我们很多学者都提到了各国危机管理中对数字外交的运用。比如说下面这个例子，在尼泊尔地震的时候，尼泊尔政府用了谷歌来找人，这其实和上午袁书记讲的中国在韩亚空难的做法比较类似。所以这种危机时刻的数字化实施就是数字化工具的使用，也是数字外交很重要的一个方面。

还有就是公共外交，当然数字外交带有很强的公共外交的属性，所以这个也是外交转型很重要的一个方面，下面我还会提到。

第三个就是外交伦理上的变化。上午张清敏老师也提到了外交伦理的变化，我觉得这是数字外交给外交带来的最大的冲击，可能体现在伦理层面包括外交规范上。这包括我们如何重新认识主权，我们现在经常讲数字主权，那到底这个主权怎么来界定呢？在日常的国际关系中，我们对于主权、边界有一个明确的认识，但是在数字领域并没有一个共同的规范，在这样的情况下，我们怎么来界定主权和不干涉内政呢？刚才其他老师同样也举了这个例子，即我们在外交规范里面有很重要的一点，就是驻在国的大使也好，外交官也好，不能干涉驻在国的内政，比如驻在国有一些选举，有一些社会动荡，你不能公开发表你对哪一方的支持。但你在推特或者脸书上要是转推一个什么东西，点赞了一个什么样的信息，是不是就有特殊的含义了呢？所以这也是对我们传统的外交规范的一种巨大的冲击。

所以有学者提到，在数字化时代，1961 年的《维也纳外交关系公约》需要重新来撰写。简而言之，对于外交规范来说，变化是很大的。

还有就是对秘密外交带来的冲击。传统的秘密外交在数字化时代面临的冲击可能也是非常大的。从“斯诺登事件”到后面各种各样的外交事件，包括近期南非的外交材料的泄露案，都显示出秘密外交越来越难以维护。总之，数字化时代带来了对外交伦理和外交规范的一种重塑，我认为这也是数字外交变革很重要的一个方面。

我给大家举一个案例，埃及某个媒体对以色列外交部发表了一个看法，之后以色列的大使对此进行了回复，美国驻开罗的大使馆就把他的回复转推出去了，这虽然是一种网络化的形式，但是其背后有很深的外交含义。再比如美国和伊朗关系解冻之前，双方其实在脸书上、推特上已经有互动了，互相点赞，这个也是关系向好的一种体现。还有就是我们讲的对于传统外交机构的冲击，即我们所说的“虚拟使馆”（virtual embassy），在美国伊朗关系还没有转好之前，美国就在网上为伊朗民众开辟了这种虚拟大使馆。所以，也有学者指出是不是未来驻外事馆就不需要了？当然外交机构的延续和发展是一个长期的过程，但是数字外交对于传统外交代表机构的冲击也是非常大的。

就数字外交而言，还有一种很关键的方式即“数字遏制”（digital containment），也就是在数字化时代，用一种新的方式来对他国进行遏制。过去我们可能是禁运、封锁、孤立，用这些方式来推进，现在遏制的方式有了新的特点。例如最近几年随着美俄交恶，美国对俄罗斯的“遏制”扩展到了数字领域，在数字领域孤立俄罗斯，包括在社交媒体上的相互交流被斩断，以及在很多其他方面对俄罗斯进行数字化的遏制。

通过这种数字化的工具，我们能清晰地对非国家行为体进行观察和剖析。比如对“伊斯兰国”（ISIS），到底它有多少追随者、来自哪些国家，从中可以看出这些国家对恐怖主义组织的支持度。还有一个例子就是朝鲜，尽管朝鲜在国际社会上比较孤立，但是它也有自己的推特，2013 年建的，最近突然变得比较活跃，推了很多东西。你去看一看就感觉非常有意思，大概有上万的追随者、关注者。同时朝鲜也追随了很多其他的推特账户，有几百个。通过朝鲜的例子我们可以看到，尽管它现在很孤立、很不开放，但是推特上面的互动也在一定程度上反映出它的变化。美国政府公开谴责朝鲜在言语上的挑衅，因为朝鲜拍了很多片子，还扬言要炸毁青瓦台等等，都放在其推特上，美方认为朝鲜只有放弃这样一种挑衅性的行为，才可以为对话创造条件。这针对的就是朝鲜在社交媒体上对韩国和美国的一种虚拟攻击。

可以说数字时代的外交带有很多变化性。数字外交其实也是软实力的一个体现，2015 年西方有个研究机构做了一个调查，评选出15篇数字外交领域最有代表性的文章，第一篇就是一个关于数字外交的分析。作者介绍了有多少领导人在推特上有账号，哪个国家和哪个机构的领导人社交媒体的“关注者”最多。2015年最多的是奥巴马，他的社交媒体最为活跃（参见图2）。关注者只是一个标志，人家给你留言了，你是不是回复，这也是一个标志。如果用这个标准来衡量，表现最突出的就不是奥巴马了。还有其他一些指标，比如谁是与追随者对话最多的、谁是最受欢迎的等等（参见图3）。所以数字外交可以说是国家软实力的一个很重要的体现，同时也可以与首脑外交结合在一起。首脑的数字外交也是数字外交发展中很重要的一个方面，是国家软实力的一个体现。

图2　2015年“推特”账户关注者最多的国家领导人

图 3　2015 年在推特上互动最多的国家领导人

（以上两图源自 Twiplomacy Study 2015，http：//twiplomacy. com/blog/twiplomacy - study - 2015/。）

各位专家就中国的数字外交已经谈了很多内容，我最深的感觉就是这个领域的潜力非常大。我们现在处于互联网时代，信息的公开化、透明化，以及网民人数的增多，都体现出开展数字外交的巨大潜力。

但与此同时，我们还有很多可以做的地方。我们外交部发布的公共外交报告中就专门有一小段讲到了我们对于新媒体的使用，主要包括三个方面：首先是我们对外交部网站的建设；其次是外交小灵通；最后就是用网络访谈的形式来宣介我们的外交政策。我们就用了这么多笔墨来讲，如果要把这部分归为数字外交的话就讲了这么多。

所以我认为中国的数字外交大概有这样几个特点：一个就

是不平衡性。这个主要指向的是我们的驻外使领馆。数字外交实施的重要主体是驻外使领馆，在不同国家的驻外使领馆对数字外交的使用是不平衡的，当然在美国、欧洲等发达国家的使领馆做得很好，但是在其他很多国家和地区，我们的数字外交做得还不太好，包括我们的脸书及推特网站的建设、内容的更新、产生的影响力、接受程度等，我觉得还是很不平衡的。

第二个就是内向性。我也比较同意熊炜老师讲到的内容，不管是公共外交还是数字外交，都带有强烈的内向性，不太考虑其在国外公众中产生的效果及国外公众的接受度，而主要关注我们怎么用数字工具来对国内老百姓做工作。

第三个就是话语的二元性。因为我们对外用脸书、推特，但对内是用微博、微信，这些讲的东西完全不一样，话语体系也不一样。

第四个是外交渠道的单一性。我们还主要以政府为主体，并没有充分发挥非政府组织及其他社会团体，包括个人在数字外交上的作用。

因为我既做外交学也做一些亚太研究，我关注了五六位美国和欧洲做亚太问题最有名的学者的推特，他们在推特上交流得非常多、非常频繁，做得也非常好。但我们有数字鸿沟，在这方面我们基本融入不进西方的话语体系里，所以就造成我们在很多问题上感觉自己有理有据，但是在国际场合基本上比较被动，认可我们观点的不在多数。从中可以看出我们数字外交的开展还有很大的潜力。

还有一个方面是其他国家在中国的使领馆的状况。他们都在尽力适应中国的环境，创建了微博、微信等大众平台来进行数字化的公共外交。我前段时间去智利驻华使馆，智利大使讲，他开了两个账户，微博是对中国民众的，他还专门有一个脸书，主要给国内看，给智利外交部看，表示他们干了很多事儿，所以其实各个国家都存在这样一种情况。

最后非常简单地说一下未来的发展方向。这方面我还没想得特别清楚，就简单列几点。

第一点，随着新媒体工具的发展，随着我们在技术上的不断进步，我们当如何在技术上进一步和外交更好地结合起来。

第二点，应当加强我们对数字外交作用机理的研究。现在在我们的研究从公共外交到数字外交都是跟在西方的后面，所以我们怎么来掌握和平衡数字外交的普遍性与独特性？在中国我们还有一定的网络限制，所以如何在中国开展数字外交？这个我觉得这既是困境，同时也是我们的一种特色。荷兰学者高英丽就专门研究中国特色的公共外交，那我们有没有中国特色的数字外交？这点我觉得也是可以思考的。

第三点，数字外交也是我们所说的舆论阵地，而数字主权是我们和西方观念竞争的重要方面，如何把握主动、积极塑造、坚决斗争，都是需要进一步研究的。

最后一点，我们面临着何种风险和挑战，以及我们应该如何来应对，这些都需要更加深入的研究。

我的发言就到这里，谢谢大家。

主持人：谢谢任远喆老师的发言，他在重新界定数字外交概念的基础上，对于数字外交，特别是涉及到行为体、结构、过程等这些层次中出现的一些新问题，结合外交规范和伦理的新变化，还有主权结构的变化，以及我们需要应对的策略的变化等等，提出了自己比较新的看法。他抛出这些新观点我想主要是让大家讨论的。所以下面我们就把时间留给外交学院外交学系副教授、外交学教研室主任朱丹丹，让她带领大家一起讨论一下这一节大家关心的问题。

评　论

朱丹丹[①]

首先感谢主持人，感谢张教授，我觉得三位主讲人的内容都非常精彩。我想，会议专门设置一个讨论人角色，实际上是大会的组织者给了讨论人一个特权，让他（或她）借机先发一下言，接下来就把这个平台留给大家，相信大家就刚才的主题演讲会有很多的问题，同时也有很多的想法和观点要表达。

首先我感谢三位主讲人，今天我觉得不虚此行，因故缺席了上午那一场，肯定错过了很多精彩内容。

相关的发言总结张老师已经做得非常好，在这里我只就一个问题讲一下个人看法。听了几位老师的发言，我个人认为，不论是将我们的讨论放在一个大数据时代，或是放在21世纪冷战结束至今，最关键的问题是，整个国际环境或者国际关系当中我们最关注的主体是什么？不同背景下，该主体内政外交的本质究竟是变了还是没有变？

---

① 朱丹丹，外交学院外交学与外事管理系副教授、外交学教研室主任。

这个问题也是对外政策分析学科在冷战结束之后持续探讨的一个关键问题。如果我们还是需要在一个治理框架内来谈国际关系的话，那么抛开一切技术性突破国界现象或者跨国全球化趋势不谈，我觉得主体其实是没有变的。不管是王老师、欧老师还是任老师，我们探讨的国际核心主体仍然是主权国家。

以此为前提，我们观察主权国家特质在不同国际环境和条件下有哪些变与不变。当然像王老师说的，在大数据时代，国际环境内有多元主体。但是就目前状态看来，核心主体仍然是主权国家，就治理需求而言，即便没有主权国家，我们仍然需要一个中间治理层次来平衡内政和外交。那么我们可以从政治性和技术性层面的互动来探讨：技术发展到何种程度，主权国家主体界限会被模糊甚至突破；在怎样的条件下，跨国甚至超国家行为体可能成为国际关系核心主体。

从技术层面来看，冷战结束后有过好几个短暂的喧嚣时期，预测不久的将来，世界是平的，跨国甚至超国家行为体将取代主权国家成为国际关系的核心主体。但喧嚣之后，归于宁静，就目前情况而言，从很现实的角度（以欧盟或者欧洲的治理为例）来看，上述论断显然并不成立。

当然我们可以将上述情况看做一个好事情，就是说基本稳定的国家间秩序还在；但与此同时，我们显然无法忽视技术发展有可能突破政治边界的可能性。在这方面，各位老师都说得非常充分，我觉得我学到了很多的东西。

欧老师专门提到了中国的公共外交，在我看来，她做的案例研究非常具体与翔实，很有说服力。我们从宏观理论层面去考察国际关系主体的变与不变之后，就应该带着具体问题去做国别和个案研究。因为国际关系每一个国家主体本身是一个有机体，切片横向分析有可能导致一叶障目不见泰山，而综合体会能帮助我们从过程研究中对宏观问题的具体产生和发展有所了解和领悟。

在数据时代，我们一方面受惠于新技术带来的便利与连接，另一方面也面对着新技术所带来的挑战。从国家治理角度来说，就是我们该如何利用和应用新技术来实现良好的治理。这个就是王老师所说的善治之道，我们经常讲治理良好的国家，之前治理不好，那么有了新技术之后我们就一定能治理好吗？这是一个开放的问题，但并不是一个新问题，在我看来，无论技术如何发展，这都是一个一直存在的问题。

对于每一个主权国家来讲，媒体技术的发展无疑会影响民众的政治参与度。而相对于传统媒体，网络媒体一个很大的特点是政治权利下放，公众参与渠道被打开，信息源扩大。对于政府而言，面对这些变化，要切实考虑的就是如何平衡治理的有效性、合法性以及合理性。我们面临这个问题时有没有准备好？实际上各国政府都面临类似问题，但由于基本政治体制和状况各异，问题的严重程度也就不一样。我就说到这里，谢谢大家。

自由讨论环节

主持人：我们现在进入自由讨论阶段，时间有20分钟，我们各抒己见，尤其是没有发言的各位老师、各位学者都可以谈谈自己的高见。

谭红梅[①]：各位好，我很感谢外交学院给我提供了一个来学习的机会，今天坐在这里收获非常大，也受到了很多的启发。我是搞朝鲜半岛问题的，也涉猎一些韩国文化外交方面的议题。我今天主要想提一个问题请教一下任远喆老师和张清敏老师。刚才任老师提到了不干涉内政的原则，这是我们中国外交的一个基本原则。刚才大家都谈到了数字外交，或者说数字时代，那从与时俱进的角度如何看待这个问题？中国不干涉内政的原则，是否也应该发生变化？也应该与时俱进？上午张清敏老师提到了外交的本质是目的和手段都是和平的。那我就想问一下，中国如果坚持目的和手段都是和平的，那么我们如何去

① 谭红梅，吉林省社会科学院朝韩研究所副研究员、副所长。

应对别的国家以一种非暴力的，但却是非和平的方式来挑战中国的内政呢？

主持人：这个是提给两位老师的，哪位先来呢？张老师要不您先？他听了您上午的发言。

张清敏：实际上，上午我在发言之前对这个概念是非常不清楚的，我不知道怎么去界定。在我看来，学术研究中重要的概念必须厘清楚，几位老师就核心概念进行的界定非常好。

首先，我有一个评论是针对刚才任老师谈到的中国特色的问题，为什么一提到中国特色就变味了。无论是文化交流也好，数字时代的外交也罢，它实际上讲的是互动沟通。我们中国人强调我是一个主权国家并无错误，但不能限制外边的东西进来。这实际上违背了外交的基本规律，因此我们一讲中国特色的东西，原有的规范规则就发生了一些变化。这在某种程度上影响了我们交流的效果，是一个非常值得研究的问题。

其次，针对欧亚老师提出的观点我一直在思考，我想再厘清一下这个东西，实际上在很多做对外政策的人中，foreign policy（外交政策）和 diplomacy（外交）的区别是非常严格的。外交无论是作为工具还是作为过程，它强调了沟通、代表、谈判或者其他和平的方式。中国政府利用网络也好，新媒介也罢，去做这样的东西，从传统意义上来说，我们都把它称为外交。但如果你硬要割断这种关系，突出沟通渠道的单向性，而不强调沟通交流的双向性，那它还是不是外交，这是一个很值得思考的问题。因为文化沟通和交流都是双向的，这第一点我特别认同欧亚老师谈到的内容。但是第二部分让我思考的是，媒体也好，新媒体也好，旧媒体也罢，它们影响的是对外政策，当然也影响对外政策的执行，即外交，但作为工具和过程，外交应该考虑的是如何利用新媒体。

然后回到刚才这位老师提到的问题：非暴力、非和平的，依照我的观点，如果非暴力就是和平；如果是暴力就是非和平的，因为不可能有非暴力、非和平的方式。如果从这个角度来看，上午姚老师提出一个观点，他说对外政策和外交差不多，因为外交部是主要落实对外政策的一个机构，我觉得不是。为什么不是？因为国家对外政策是最高领导人制定的，国家对外政策制定完以后，国家的手中有好多种工具去落实这种政策。比如到海牙去，国家可以用经济的手段，可以用军事的手段，可以用外交的手段，如果选择了外交的手段，那是外交部去执行这个对外政策，如果选择了军事手段，那是国防部去做，而不是外交部去做，因此外交部只是落实对外政策的一个很重要的方式和手段，而不是最主要的。

我现在在思考一个问题，中国外交现在面临一个最大的挑战，就是外交手段越来越被忽视了，式微了，然后军事手段可能越来越重要。如果一个国家对中国采取非暴力的行动，那取决于你怎么去看这个东西？这两个是不一样的，但也不能完全对立起来。在数字外交上我们有中国的特色，这个中国特色赋予中国外交一种什么样的东西？以及其本身的手段是什么？这些是我们学者应该去研究的。

任远喆：我主要谈谈不干涉内政问题。在这一方面整个外交规范都在变化，其实刚才我们讨论了包括数字领域的变化，而其他领域不干涉内政的看法也在变化。包括我们说的中国特色大国外交，我感觉里面的含义应该是对原有的不干涉内政的一种突破。不管是王逸舟老师说的“创造性介入”也好，还是我们要更多地提供公共产品也好，大国责任也好，我觉得我们其实也在潜移默化地做很多不同于以往的事情。而且我认为随着中国特色大国外交的不断推进，以及中国实力的进一步增强，我们对于很多规范的态度也必然发生变化。我们的做法会用一个其他的说法，比如说“保护的责任”，我们有的学者用“负责任的保护”等说法，而不太用“保护的责任”这个词。但是有很多东西其实内涵是一样的。这是我的看法。

钟新[①]：我是人民大学新闻学院的老师，我对公共外交很感兴趣。我有两个小问题想与大家讨论一下。首先接着刚才的话

① 钟新，中国人民大学新闻学院教授。

题，就是中国不干涉内政的政策。刚才任远喆老师在演讲中也提到了，不干涉内政可能就意味着，当一些国家发生事情的时候，我们要退后一步。我想就此请教各位外交专家，这样一个政策总体来说可能许多国家是很欢迎的，反正我做什么你不要管我，你不要动不动就指手划脚；但是另一方面，偶尔也会在一些情形下，别人又会觉得你这是不是不负责任的表现呢？会不会有这样一种矛盾在里面？我没有深入研究过，只是很朴素地这么想，所以我想请教一下，不知哪位外交专家或刚才发言的学者可以就这个话题来回答一下。

另外一个问题，我刚才听到欧亚老师和任远喆老师所讲的，也就是我们说的概念的问题，确实现在关于外交（diplomacy），前面加一个什么词儿，就出现了各种概念，比如数字外交（digital diplomacy）、推特外交（twitter diplomacy）、媒介化的外交（mediated diplomacy）等等。很多时候大家要努力去分辨这些概念，我觉得应该回到一些本原。比如当我们讨论与媒介的关系时，可能主要依托的是传播主体，比如我们说政府公共外交，或者说以传播主体来命名外交，比如青年外交、政府公共外交、企业公共外交，或者其他什么，这些都是传播主体。或者以平台来论，或者说以内容来论，还有领域等。就领域而言，有经济外交、政治外交还有文化外交等等。我觉得是不是可以这样，依据它们的行为主体，或者传播平台，或者传播内容、传播领域等进行划分，那么概念就不是特别重要了。

我之前看了很多文献，他们老是在讨论这个到底该怎么界定，我觉得可以不用那么纠结。所以想听一下大家对这个问题的观点。比如说 mediated diplomacy（媒体化的外交）和 media diplomacy（媒体外交）的区分。媒体化的外交其主体可能是借助媒体这个平台进行传播的行为体，主体包括政府、企业或者其他什么。而在媒体外交中，我们是把媒体作为一个别人使用的平台，或者是媒体自己作为一种主体。通常我们是这样去理解这两者的差异的。是不是这也是一种划分的方法？我突然想到这点，想向大家请教一下，请哪位研究外交的老师来分享一下。张老师，可不可以先请教您？

张清敏：这个问题反映了中国外交理论与实践，或者政策和行为的一个很大的差距。意思就是说，在全球化时代，我们在实践上已经参与到传统上属于其他国家“内政”的事务，但是我们不能放弃“不干涉内政”这个基本原则。毕竟一项国际规范的发展或变化，很可能产生更大更广泛的后果。所以一些原则性的问题比较敏感，可去做，但少去谈。

其实，有些时候是否干涉内政的确会给人留下是否负责任的印象。我记得我上研究生的时候，当时都在批判美国当世界警察，现在我的感觉是，如果世界没有警察将是一种什么样的状态？所以说我们的观念在变化。还有相关的一点，远喆刚才提到大国外交，那什么叫大国外交？什么又是中国特色的大国外交？这一点我是不清楚的。我们试着从国际关系、国际政治的角度去看。首先国际政治的特点是什么？从林法则，强国做想做的，弱国做不得不做的。但这是中国一贯反对的。

中国坚持的是大小国家一律平等，国际法也是这么规定的，我们反对列强，反对恃强凌弱，以富压贫，我们一贯这样做。因此到现在大家都在讲大国外交的时候，是不是说将来我们做完大国以后，就只顾着南海周边的形势，其他的我们就不管了，无论是非洲卢旺达的情况，还是目前中东的情况，我们都不管了？我现在对此很难理解，这也是我一个很大的困惑，希望能有老师帮我解答一下。

欧亚：针对刚才张清敏老师说到的这个问题，我个人觉得公共外交，其直接的、核心的工作是信息传播，解释、说明我们的外交政策，目标更长远一些的工作是通过文化项目来介绍中国的价值观和文化。

其实我也想过钟新老师说过的关于概念的问题，中国的外交话语似乎缺少一个比较系统、完整的话语体系的支撑，往往只是先提出一个具有中国特色、内涵模糊的概念，之后就由西方媒体来进行解读，这样我们就比较被动。是不是存在这样的问题呢？

任远喆：我稍微回应一下钟新老师的问题，我觉得概念界定还是挺重要的。比如很多搞网络安全的学者，也说在搞数字外交。其实这是完全不同的两个领域，数字外交是外交学的研究范畴，包括外交机构、外交规范、外交行为方式的演变等方方面面。但是网络安全和这个就完全不一样。当然两者也有一定的联系性。

另外一个方面主要是因为我们有很多东西是直接从英语翻译过来，而翻译过来的好多东西界定起来就有点对不上，比如我刚才说到的那几个概念，这些东西可能就有些对不上，真的很严格地区分也不容易。所以我觉得概念的厘清是很重要的，也是比较难的，但我们必须得做。

倪建平：任老师提到的虚拟外交（virtual diplomacy）指的是什么，很难理解，虚拟是假的吗？

任远喆：它不是虚假的，它是从虚拟世界这个层面使用这个概念的。最典型的案例就是我刚才提到的，美国和伊朗断交期间，美国针对伊朗的民众在网上构建了一个“虚拟使馆”。

周加李[1]：我今天是专门来学习的，非常受益，对刚才这位

---

① 周加李，外交学院外交学与外事管理系讲师，公共外交研究中心研究员。

老师提到的不干涉内政原则挺感兴趣，我想谈点感想。为什么会有不干涉内政？我觉得有一个重要的前提或者说理论基础，就是联合国1945年提出来的确认主权平等原则。为什么会有主权平等原则的出现？依我看来，那是与整个外交史的发展紧密联系的。尼科尔森（Harold Nicolson）写过一本书叫《外交方式的演变》（*The Evolution of Diplomatic Method*），他提到希腊、罗马、意大利的体系是一种以法国为代表的体系，我们把这种体系称为旧外交。还有一种是新外交，1918年以后的新外交，那旧外交和新外交的区别是什么呢？旧外交实际上是丛林法则，它是承认等级、承认权利的。但是这样一种外交方式导致了很多问题，比如说第一次世界大战和第二次世界大战，小国是饱受大国、强国欺凌的，所以大家一致提出来要主权平等，因此大国、强国不能够恃强凌弱，不能以大欺小，旨在反对霸权主义。

我觉得一个很有意思的现象是，这些小国家的诉求是对的，但是要达到主权完全平等在实践上是很难实现的，就是说你一定要追求完全的平等实际上会导致更大的不平等。举个最简单的例子，联合国会费。既然世界各个国家不论大小强弱一律平等，那交会费也应交一样的，很显然这会造成更大的不平等。也就是说不管是在动物界还是人类，等级实际上是存在的，你是不能否认的。我是研究礼宾礼仪的，举一个礼仪中排位次的例子。比如说10个国家的代表出席，我们的主席台排10个位子，从第1号位到第10号位肯定是有一个优劣之分的，比如说坐在最中间的就是最好的位子，坐在最边上的就是最差的位子。所以这个等级一定是存在的，这是一个方面的问题。另外一个方面的问题是，我们怎么样公平地安排这10个人坐在他应该坐的位置上，当然这是另外一码事儿了。

由这个等级的存在就引出来，为什么会出现干涉内政的问题。我觉得你真正要实现不干涉内政是不可能的，那又引出来另外一个问题，大国会说我干涉你的内政是为你好。外交学院的高飞教授几年前出了一本书叫《和谐世界与君子国家——关于国际体系与中国的思考》，他提出来一种非常有意思的观点，我特别赞赏。他的观点就是承认等级，但是大国要负责任，用负责任的方式去承担你的义务，由此来体现大国的大和强，而不是说去以大欺小、以强凌弱。但对这个问题小国和大国的想法是不一样的，大国说我做的一切都是为了你好，但是小国会说我不认为你这是对我好，你这是干涉我的内政，侵犯我的权益。所以在这个问题上，大国和小国想法是不一样的。这是我的一个观点，提出来供大家探讨。

朱丹丹：关于不干涉内政我只讲一句。我昨天正好利用互联网搜索信息，查找孤立、封闭和开放的跨学科概念定义。

这里仅谈谈“孤立”作为一个热力学的名词是如何被定性的。在热力学里，“孤立”本身是一个理论的概念，是说在外部环境中，一个主体和外部环境既没有能量也没有物质的一个接触和互动。这种情况在宇宙当中只有在实验室里才能实现。

客观存在的是两种状态，一个是开放，就是我们说的open，还有一个就是封闭。开放就是物质和能量都是流动的，封闭就是能量在流动，物质不流动。至于国际关系中有没有“孤立”，借用这个概念在热力学中的解释，我认为主观上想要孤立的意愿是存在的，也就是说，各个国家都有可能选择孤立政策，但是能不能做到孤立？现实中应该是不存在的。

王存刚：我就补充两句，第一点是说我们不管在外交前面加了多少个定语，外交的最终目的仍是为了维护和扩展国家利益，这是刚才我说过的，数字外交肯定是维护和扩展国家利益的，脱离这个去讨论其实是没有意义的。第二点，我们干涉不干涉内政，就看这个国家的行为是否遵守国际法、国际规范和国际惯例。如果说我们现在承认国际法、国际规范和国际惯例，你违背了这个东西，违背了它的有关规定，那就是干预行为，不管你自己认为是不是，媒体说是不是，它都是应该的。国际方面有很清楚的说法，就像南海问题一样，我们自己有很多的说法，但是你只有仔细去看蓝皮的《国际海洋法公约》，你就会对争论双方，特别是我们的行为有一个准确的评价。谢谢。

主持人：好的，感谢大家的热情参与，大家的讨论又深化了嘉宾们前面的发言，也留下了一些需要进一步思考的问题。由于时间关系，我们这一节就到这里。剩下的时间就留给第三节了。

议题三　数字时代中国软实力的建设

主持人： 陈雪飞[①]

发言人： 倪建平　钟　新　姚　遥　唐　杰　张广生

讨论人： 唐　晓

主持人： 各位专家、各位老师，我们就要进入压轴的一场研讨了。我们整个大的论题是“大数据时代的公共外交与中国软实力的建设”，前两个议题“外交转型”与“数字外交的理论与实践”属于议题的前半部分，我们这一场重在探讨议题的后半部分“中国软实力的建设”。

首先发言的是上海市美国问题研究所的副所长倪建平研究员，他发言的题目是“公益传播与社会治理的创新”。倪老师主要以媒体外交作为一个视角来探讨这个问题。倪老师可以说是最早做中国国家形象研究的一波人，因此在这方面他有很多独到的见解跟大家分享，现在有请倪老师发言。

---

① 陈雪飞，外交学院外交学与外事管理系副教授，外交学院公共外交研究中心主任。

公益传播与社会治理的创新

——媒体外交的视角

倪建平[①]

再次感谢主办方让我和大家有这个学习交流的机会，因为我知道在座的各位教授都是国内研究公共外交、文化外交的知名专家学者。就我自己的学科背景而言，我本科是英语专业，硕士阶段主要研究美国社会，后在复旦国际关系专业读的博士，紧接着又在复旦新闻学院做了国际传播的博士后。博士阶段我做的研究就已涉及到大众传媒与外交政策的互动关系，题目就是 mass media and Clinton's China human rights policy（《大众传媒与克林顿的人权政策》），讨论的是克林顿政府时期美国新闻传媒和对华人权政策的互动关系。2004 年到 2006 年的博士后阶段，我做的是对外传播与国家形象的课题。可以说从 2003 年到 2008 年，我的学术轨迹基本是在国内的国际传播学术圈。可能国内学者中提出外交政策与国家形象（foreign policy and

① 倪建平，上海市美国问题研究所研究员。

national image building）研究的我是第一人，迄今我一直在做这部分内容。

从 2008 年到 2011 年，我主要研究美国的文化外交。在文化外交方面美国最权威的一本专著是 *Last Resort of Kings*，即《国王的最后选择》，这本书是我最初着手组织团队进行翻译的。当时是 2008 年，基本已经翻译完成，但是因为沟通失误，我们签翻译版权合同签晚了，结果合同被他人签走了。但不知为何，这本译著迄今尚未面世，非常遗憾。但这本书对于做文化外交而言还是非常有价值的。

从 2015 年开始，我的研究方向从文化外交转到媒体外交。会议从上午一直到现在，我们学者中间已经达成一个共识，就是如果要使你的研究内容更科学、更规范的话，厘清概念的内涵还是很重要的。所以我想首先明确一下我对公共外交这个概念的理解。我们国内的公共外交是从 2002 年、2003 年开始起步的，最早做公共外交的有我的博士同学、现广东外语外贸大学的唐小松和中国人民大学的王义桅，他们俩最早做一些翻译工作。现在唐小松也一直在做。我的兴趣一直在国际传播这一块。上海市美国问题研究所成立之后，我要确定我的研究特色，所以就从国际传播切入到公共外交，自然我需要对公共外交的核心内容有一个认知。

公共外交的核心内容到底是什么？根据美国公共外交咨询委员会公布的文献，以及美国公共外交事务的副国务卿格拉斯曼演讲的官方文件，还有我们美国专家学者关于公共外交的界定，从美国决策界和学界来看，公共外交的核心就是文化外交（cultural diplomacy）。除此以外，公共外交还有什么其他内容板块呢？第一个是信息传播，即 information communication，那是谁在做？也就是这个信息传播的主体（conductor）是谁？信息传播这个层面主要是官方在做，在美国由官方的国务院来做，在海外的使领馆是他们的新闻文化处。在这个层面，官方作为一个政府的角色（governmental player），是信息传播的执行者。而第二部分，就是刚刚提到的核心部分——文化外交，其主要的执行者是 NGO，像一些教育性的基金会。还有一个板块内容是表演艺术（performing art）的展示，包括音乐会、博物馆、舞蹈等等，也就是文化艺术方面的展示、交流，它跟教育交流是不一样的。

在这三个板块中，文化外交大概能占到 80%，这是一个公开的层面，是开放的。还有一个部分可能是鲜为人知的，也可能是我们不太接受的，它是一个 undercover，即美国公共外交的一个地下活动，或者从传播学的角度来看，就是政治心理战的层面，其执行者是跨政府的表演者（inter - govermental player），就是由美国国务院主导的政府部门间的施行者。主导部门有中央情报局（CIA）、国防部（DOD）、国土安全部这样几个美国情治部门，他们主要是搞心理战（war of ideas）。

我以为，公共外交就是这样一个大的板块，一个是公开的信息传播、表演艺术的交流和教育交流这一块，另一个就是我们鲜为人知的信息战。

进入第二个部分，也就是我今天演讲的题目《公益传播与社会治理的创新——媒体外交的视角》。大家可能会问，刚才你的概念里面没有提到媒体外交啊？我通过这两年的研究发现，在权威的板块里面，信息传播的内容恰恰是和我们的媒体外交重叠的。媒体外交的概念是什么？内容是什么？媒体外交包括两大板块。一个是传统的，像我们官方的新闻发布会（news conference），国家领导人的公开演讲（speech），记者的采访（interview），还有对一些学校、医院、博物馆等有文化历史意义的地方的访问（tours of significant sites），一般主要是政府领导人参与的。还有一个是媒体事件（media events），为了一些外交政策的宣示，举行一些大的新闻发布会，还有体育运动会（sports events），这些都是媒体外交的核心内容。

我再稍微说一下今天谈及的“公益传播与社会治理创新”的缘起。十八大以来，以习近平为核心的党中央，在推进国家治理和全球治理体系的进程中有三个方面的关注：第一，注重国家安全与国际安全的统筹；第二，重视国内规则和国际规则的协调；第三，在我们推进和深化国家治理体系和能力现代化的建设目标中，更加强调国家治理体系和全球治理体系改革的结合。也就是说，中国的国家治理和中国参与全球治理是协调统一的，并不是一件不相关联的事情。而社会治理是国家治理的重要内容。国家治理也好，社会治理也好，它的目标都是为了构建一个更和谐、更安全的社会。

那么公益传播是什么传播呢？它主要是以公共利益为出发点，参与和推行公共社会利益的非营利传播活动，英文就是 public interest communication，即公益传播。

我今天要讲的主题为什么从媒体外交切入？刚才我提到媒体外交涵盖的一些内容，比如新闻发布会、记者采访、对一些历史文化景点的参观，还包括新闻的漏风（leak），它们一般都涉及两个行为体，一个是国家政府的新闻宣传部门（official），另一个是媒体人（journalist reporters）。我 2015 年在“大连论坛”发起了媒体外交共同体，当时我提出了一个观点：国际报道的记者，他们不仅是国际关系的记录者、观察者或者一个作者，更重要的是他们是国际关系的参与者（player）、见证者（witness），也是国际关系的行为者（a player of international relations）。

就我的主题，我主要谈一个案例。大家知道过去十多年来，随着中国走出去步伐的不断加快，我们中国企业在海外，特别是在非洲的影响已经越来越大。但这个影响是怎样的呢？可能国内的报道不太多，但在欧美的媒体上，总的印象是负面的。为什么会有负面的影响？这跟中国企业走出去之后，可能会碰到的三大矛盾分不开。第一个矛盾，中国企业的利益跟中国国家利益之间的冲突。第二个矛盾，中国企业的利益和在非洲的西方企业的利益的冲突。第三个矛盾，中国企业的利益和非洲目标国家的企业以及民众利益的冲突。这三个冲突如果解决不了，就会给我们海外走出去的企业的形象造成负面影响。

今天我讲到的这个案例恰恰就是要谈，作为媒体外交的施行者，即国际报道的记者，他们如何利用公益传播的平台参与我们企业走出去这样一个伟大的进程。案例的“主人公”就是由中国的海外留学人员组成的中南屋（China House），它是2014 年 3 月在肯尼亚首都内罗毕注册成立的，发起者是复旦大学新闻学院毕业的一个本科生黄泓翔，因此他有新闻学的背景。

过去一年半以来，他们在国内外，特别是在非洲，已经产生了极大的影响。它的传播效果体现在什么地方呢？我们国内的一些媒体，包括中央电视台（CCTV）、中国国际广播电台（CRI）对他们都有报道。我为什么关注中南屋？因为我最近在做媒体人是如何参与国际关系、国际治理的研究，正好从中新社的一个记者那里了解到这个案例。这个记者在北大研修公益传播，所以我询问他，想了解他的同行有没有参与“一带一路”走出去的？他就和我提到了中南屋。于是，我就开始追踪这个案例。

这里边有两个特别典型的人物，一个是中央电视台的记者于飞，还有一个是南方周末驻北京站的记者胡建龙，他们都是在业余时间自费到非洲肯尼亚进行实地考察，考察中国企业在当地与环保组织，以及一些当地村民之间是如何互动的，中国企业是怎么帮助当地的一些非洲落后国家扶贫、搞电力建设、搞一些技术培训项目的。这样的事例是中国记者参与全球治理的最好案例。这些案例让我印象非常深刻。

还有一个案例是关于记者参与我们的对外文化传播的。比如陕西省有一个埃德加·斯诺研究会，这个研究会已经有20多年了，他们主要是从研究海伦·斯诺，也就是埃德加·斯诺的前妻起步的，他们从学术研究发展到参与推动西安当地的公益活动，把美国的眼科医生请进来为西安郊区的农民进行手术，组织西安当地的陕西民间艺术到埃德加·斯诺的故乡堪萨斯城进行文化演出，在这个演出的过程中还邀请《西安日报》的记者跟他们一起参与演出、参与报道。

这些案例主要讨论的就是我国一些国际报道的记者，还有一些草根的民间组织，像中南屋、陕西省斯诺研究会等，正是他们为我们开展对外的媒体外交、公共外交做出了不菲的贡献，值得我们进一步去挖掘，去进行追踪研究。时间限制我就先谈到这里，大家若有问题，讨论环节我们再一起互动，谢谢大家。

主持人：好的，谢谢倪老师的精彩发言，倪老师重申了做公共外交研究厘清公共外交本质的重要意义，而且特别强调了文化在公共外交中扮演的重要角色。同时他在发言里面专门提到了，我们做涉外报道的一些记者不仅仅是一个报道者（reporter），还是一个参与者（player）。他们不光可以通过新闻报道为我们争取话语权，还可以通过亲身投入公益事业成为我国软实力建设的推动者。社会学中“社会资本”的理论就很好地揭示了在他国，特别是那些经济发展滞后、社会领域被严重区隔化的国家，推进公益事业，提供公共产品对于构建施行者积极形象的重要意义。

关于媒体人作为参与者这一点，我想中国人民大学的钟新老师可能有很多内容可以跟我们分享。钟老师专门做了一些外国记者培训的项目，他们是如何去做这些活动的，在其中那些记者又是如何成为参与者的，下面就请钟教授为大家做一个介绍。她发言的题目是“能力建设、品牌建构和关系建构：国际记者交流项目的三个着力点”。有请钟教授。

能力建设、品牌建构和关系建构

——国际记者交流项目的三个着力点[①]

钟　新[②]

虽然我没参加上午的会议，但是感觉今天全天都是非常理论性和学术性的。而我想跟大家讲讲特别具体、感性的案例。

我主要想跟大家分享一下我亲自做的一件事情。我演讲的题目中有三个关键词：能力建设、品牌建构和关系建构。我反复思考的问题是：媒体外交到底要怎样去做？我认为媒体外交应该成为公共外交的一种重要模式。如果要界定一下的话，媒体既可以作为主体，同时也可以作为一个受体，也就是说媒体记者也是被传播的对象。

我为什么要说这个话题？现在中国政府很多部门都在致力于将记者请进来，创设了面向不同区域的记者交流项目。据我

---

① 本文为国家社会科学基金项目重点项目"习近平总书记的大国传播与公共外交思想研究"（项目批准号15AXW005）的阶段性成果。

② 钟新，中国人民大学新闻学院教授、博士生导师，新闻与社会发展研究中心研究员，察哈尔学会高级研究员。

所知，像外交部新闻司、驻外使领馆，还有记者协会等等，近年来都在做这类项目。一些高校、企业和相关机构以不同方式也在参与这些项目。我自己也有幸参与了外交部的两个项目。我今天主要讲的是，我负责执行的中国驻巴基斯坦大使馆委托中国人民大学新闻学院承办的“巴基斯坦青年记者访学项目”。除了政府请记者进来的项目外，国际记者、国际媒体之间也有很多交流项目、合作项目。所以，在如此多互动的情况下，我们有必要去记录中国是如何通过媒体与世界沟通的，尤其是探讨国际记者交流项目的模式和效果。当我自己在做这些项目的时候，我觉得自己既是一个公共外交的研究者，又是一个公共外交的实践者。我把学到的知识、理念和我的研究所得都用在实践中，然后在实践中获得新的观察和思考，进而完善相关理念。

因为时间有限，只有 15 分钟，所以我就讲一件事，就是我们最近正在做的项目。从 2015 年开始我们每年接待 5 个巴基斯坦记者，他们是以访问学者的身份来中国人民大学的，在这边待整整一学年。

大家来看一张照片，这是我和学生助理陪同他们 5 名记者 4 月底去重庆，和重庆市委宣传部副部长周波交流座谈。这趟 9 天的行程包括重庆、南充、成都。

图 1　与重庆市委宣传部常务副部长周波座谈

我主要想讲四个话题：第一是核心理念；第二是在这个理念下我们怎么去策划这个活动；第三是实施的重要环节；第四是这个项目的效果。

我觉得公共外交最核心的理念，或者说其最主要的目标应该是怎么把软实力资源转化成软实力，而如何去寻找这些软实力资源，以及如何将之转化成软实力呢？最具体的策略就跟我刚才提到的三个关键词有关系，也就是怎么通过呈现当代和历史的软实力资源去建构我们的品牌——地方品牌、城市品牌或者国家品牌；怎么通过促进相关方面的人际交往建构关系，促进外国记者与中国各界的交往、联系、深度互动；怎么通过提供信息、丰富知识、寻求机会、建立合作等途径赋予参与者能力。对于参与者尤其是参与的记者来说，我们希望他们通过这个项目可以获得能力、知识、交往能力的成长，中国人际网络的增长，以及中国报道能力、新媒体报道能力的成长，这是我们一个重要的目的。我在阅读一些国外文献的时候特别赞成公共外交中的赋权（empowerment）理念。项目组织者的重要出发点不是去宣传自己，而是要帮助他们，帮助项目参与者增强能力，这种利他的出发点有助于增强项目的吸引力。

就具体的策划而言，最关键的是地点的选择。我当时是很纠结的。2015 年，我带首期项目记者去了上海，上海无疑是中国改革开放最重要的窗口。我们只到京外一趟，2016 年到底要选择哪里呢？最后我们决定去重庆和成都，因为它们是“一带一路”的西部重镇，参与“一带一路”建设非常活跃，同巴基斯坦往来也比较多。中间为什么还去了南充呢？因为位于南充的西华师范大学有一个巴基斯坦研究中心，而且它也是中国内陆中等城市的一个代表，可让巴基斯坦的记者们去感受一下中国的内陆城市，同时去跟巴研中心的学者们交流下，建立联系。2015 年，首批记者还专程去了一趟西华师范大学，双方至今还有联系，并互相提供帮助。

地点选择好了，我们重点传播什么内容呢？我们确定了两个方面，一个是经济，一个是人文。因为经济是跟他们的发展密切相关的，也是他们非常希望了解的，所以我们重点帮助他们了解中国经济的发展模式。主要的交流模式是和新闻办、物流办、对外经济贸易委员会、商务厅等部门座谈。特别感谢国务院新闻办帮我们做的协调，重庆市新闻办和四川省新闻办给予我们极大的支持。除了跟政府部门进行交流外，我们还和在巴基斯坦开展业务的企业进行座谈，后来又到企业和工厂去参观，还实地体验商业中心等等，这些都是跟经济有关系的，主要是经济方面的对外交往。

人文交流主要体现在哪里呢？我们主要带他们去看历史博物馆，你不能只看现在，一定要看历史，让他们对这个城市有历史感，有一种跟历史对话的感觉，后来证明效果不错。我一一讲一下。

首先是经济上的对外交往。我特别想要提的是重庆的做事风格，他们非常严谨和专业。不管我们有几个人参加座谈，他们都非常认真，非常规范地做，比如，每场座谈会都制作了桌签，还设计了流程、主持人等。

我们当时一天安排了三场座谈会，时间非常紧凑。第一场是跟周波先生的座谈。周波先生介绍了重庆的发展重点，并且很幽默地解释了重庆的地貌与重庆人性格的关系。他很擅长沟通交流，氛围非常融洽，记者们也提了很多问题，对重庆有了初步印象。这些记者之前对重庆是一无所知，一点也不了解的。第二场是跟物流办的座谈。物流办主要讲整个重庆的大交通，重点是重庆海、陆、空运输线如何联通重庆与中国其他地区、联通中国与世界。第三场是跟重庆经贸委和企业的座谈。

我想重点介绍一下与对外经济贸易委员会的座谈。参加座谈的主方除了外经贸委宣传部的同志之外，还有在巴基斯坦有业务项目的四家企业，包括宗申、力帆、四联和银翔，大部分是做摩托车的，因为重庆出产摩托车，还有水电方面的。我们希望双方能够找到一种互相的需求。这些企业希望巴基斯坦记者了解他们在那儿做了什么，同时记者也很有兴趣了解为巴基斯坦百姓提供产品的中国企业。在当天两个多小时的座谈中，一开始有翻译，比如宣传部长系统介绍的时候是带翻译的，后来讨论的时候，最初也翻译，但后来就不用翻译了，所有人都用英文交流，气氛相当热烈，这是我印象特别深的一场讨论。

当时坐在我旁边的一个巴基斯坦记者说这个讨论太好了。公共外交的核心是什么？就是对话。现在他们对起话来了，交流起来了，而且很愿意交流。交流之后的确有不同的发现。比如，一位巴基斯坦记者听介绍的时候说：重庆对外有很多出口，但是进口很少，为什么不进口他们的东西呢？他们说他们有很多好的农产品，比如他们的大米个长、味道好，他们的芒果又香又甜。大家通过讨论，开始相互了解和理解。比如，外经贸委有个同志就表示，之前确实不太了解巴基斯坦农产品的情况。这不仅是一个相互沟通的过程，也是大家相互学习的过程，这是我印象特别深刻的一场讨论。我当时是很享受那场讨论的。

第二天我们去了两江新区。这是两江新区的一个标志性建筑，石门之中一匹马，寓意为“闯”，这就是两江新区的一种精神。两江新区确实有非常多的发展、整体规划令人印象深刻，而两江新区的规划馆很好地展示了两江的发展模式。

图 2　两江新区规划馆

随后，我们去了长安轨道车辆厂。让巴基斯坦记者参观轨道车辆的意义在哪里？一般城市内的轨道交通车辆都是双轨的，但重庆是单轨的，并且单轨还能做到稳定和静音。轨道车辆厂拥有自己专门的技术。这个单轨列车占地非常少，适合重庆的地理空间。最知名的就是在重庆的某一个路段，轨道从居民楼里穿过，很有个性。接下来，我们去了长安汽车厂，看小汽车如何经过最后的装配流程后下线，体验每 55 秒钟有一部车下线的组装过程。为什么要带他们看长安汽车厂呢？因为重庆现在可能是中国最大的汽车生产基地，它不光生产长安汽车，还生产福特车以及其他许多国际品牌的汽车。我们还参观了京东方液晶面板厂，这家液晶面板厂是为三星等很多国际品牌提供面板的。我希望通过参观这些企业让巴基斯坦的记者们可以直观地了解全球化中的世界分工，以及中国是如何参与世界分工的。

京东方液晶面板厂的参观主要在产品展览厅进行，讲解员重点解释新产品的性能，但是记者们对本场活动不是整齐划一地说满意（satisfied）。我想，一个重要的原因可能是，记者们没有机会听到该厂被重庆引进的创建背景、发展过程等企业更宏观的故事，缺少对企业的总体了解。交流模式应该更加多样化才能为参与者提供更立体、全面的信息。

通过前面这些参观、座谈和交流，尽管只有两天，但活动非常密集，巴基斯坦记者们对于重庆的核心竞争力、经济发展模式获得了深刻的印象，这些印象勾勒出重庆的城市品牌形象：（1）重庆是国际交通与物流中心，水陆空联运的大通道；渝新欧铁路起点在重庆，终点在德国杜伊斯堡，全程 1 万多公里，连接起丝绸之路经济带，比传统的海运节约了 30 天时间，目前运量占中国和欧洲物流的 80%。（2）重庆是国际化生产基地，比如中国最重要的汽车生产基地，电脑、笔记本生产基地，全世界 1/3 的笔记本电脑生产于重庆。（3）重庆是国际信息和金融中心，这是重庆引进国际企业的同时把结算中心也留在重庆所达成的效果。

与重庆政府、企业的对话也帮助巴基斯坦记者发现了他们国家的商机，比如说讲到我们从巴基斯坦进口很少，他们就想到努力推荐自己国家的特色产品，大家交流之后觉得的确可以引进巴基斯坦的农产品。从跟物流办的交流中，记者们了解到渝新欧的货运支线很快将到达巴基斯坦，这将有利于中巴贸易的发展，同时正在推进的渝新欧客运也会促进两国旅游业的发展。

城市参访的另一个重点是通过博物馆了解历史文化。我们去了位于重庆南山的重庆抗战纪念馆，这个给记者们最深的感触是战争很残酷、重庆人民很勇敢。后来去了三峡博物馆，他们对三峡纤夫的故事很感兴趣，留给他们的印象是重庆人特别能吃苦。在三峡博物馆，他们还了解到一些关于三峡的历史故事。来自巴基斯坦通讯社的纳瓦扎（Nawaz）非常认真地表示，自己似乎是在跟几个世纪的重庆人对话。我们还去了金沙遗址博物馆，让他们和3000年前的金沙人对话，感受金沙人的智慧，了解太阳神鸟的寓意是什么，哲学含义是什么。

在参访过程中，认识新朋友、扩大社会网络应当是公共外交活动组织者的目标之一，也是活动参与者的重要收获。比如，这些记者跟政府官员交换名片、互加微信，跟企业代表交换名片、互加微信。我印象特别深的是，重庆企业宗申的代表在座谈会刚一结束就马上发信息给我，请我把巴基斯坦记者详细的联系方式，甚至在巴基斯坦的联系方式都告诉他们。当天晚上，我们就把巴基斯坦记者的一整套信息整理好发给了他们。巴基斯坦记者们表示，非常乐意为企业提供任何可能的帮助。我们在街上走路的时候，巴基斯坦的记者们也会跟游客合影、互加微信，非常友好。

我还想讲一下在西华师范大学的经历。当时正值西华师大70周年校庆前夕，我们路过一个露天剧场，那里正在排练节目，有乐队在练习。巴基斯坦记者中一个叫贾斯汀（Justin）的年轻人很有音乐天赋，多才多艺。他上台和击鼓的一名学生交流起来，转眼间，两个人就成了搭档，一人敲一个鼓，两人即兴演奏起来，引来了很多人旁观、拍照、录像。两人共同演奏了两三曲，两个第一次见面的异国年轻人以音乐会友，双方眼神交流，都非常兴奋。

图 3　巴基斯坦记者与西华师范大学学生即兴演奏

我当时就站在旁边，看到这种情形，赶紧用手机拍摄下来。这就是我想要的交流感觉。后来，记者们访问中国网的时候，编辑对这段视频很感兴趣，将之上传到了网上，在当天的点击量就名列前茅。我还注意到，两个年轻人在结束演奏后立即自拍合影并交换了微信。后来，贾斯汀告诉我，他们一直保持联系，成了朋友。希望两个年轻人结下深厚友谊，正如贾斯汀最熟悉、最经常说的一句汉语“中巴友谊万岁”。

在西华师大，与巴基斯坦研究中心师生们的交流给记者们的印象尤其深刻。巴记者认为，师生们对巴基斯坦的了解程度、研究深度超乎他们的想象，师生们跟他们一个上午的交流很热烈、很深入。西华师大新闻传播学院高度重视巴记者的这次访问，组织了一个半天的中巴媒体论坛。在论坛上，巴基斯坦记者们跟师生们分享了巴基斯坦传媒业的历史和现状。他们每个人都认真做了一个 PPT。

当然，还要跟大家分享一下大熊猫的故事，是一件非常温馨的事情。我们在熊猫基地见到了很多熊猫。等我们从四川回来以后，巴通社的纳瓦扎看到新闻里讲他们见过的一只熊猫妈妈生宝宝了，就在微信群里告诉伙伴们说：我们见过的熊猫妈妈生宝宝了，我们都当叔叔了。这一点非常触动我，我觉得记者们跟熊猫已经建立了一种情感联系。情感记忆可以保存非常久远。这也是我想说的，除了信息的交换，还有情感的交流是直入人心的。因为四川人都很热情，这是四川很重要的一个品牌，所有巴基斯坦记者都感觉到了这一点。我们在后来的问卷调查中，可以很明显地感受到他们此行的情感体验。来自《今日巴基斯坦报》的拉娜（Rana）说：People really touched my heart; I will never forget this trip in my life; I love the beauty of the city, beauty of people, diversity and openness of people, and rapid speed of growth, I felt great to be there.（人们真的触动了我的内心。我这一辈子都不会忘记这次重庆、四川行。我爱这些美丽的城市，美好的人们，喜欢人们的多样性和开放性，也喜欢这里发展的速度。在那里，我感觉非常好。）来自《每日新闻》的记者贾斯汀说：It was very good more than my expectation , full of love.（这次行程非常好，超过了我的预期，充满了爱）。

这种情感的记忆，在他们心中是一种很美好的感受。他们在巴基斯坦驻成都总领事馆见到总领事、副总领事时，非常兴奋地跟领事们分享了几天来的见闻、体验，他们感叹中国的发展速度，谈着重庆人、四川人的性格。而总领事告诉他们，成都总领馆是除巴基斯坦驻华大使馆外在中国最大的馆，因为重庆、成都正变得越来越重要。

总结一下，对于“一带一路”公共外交而言，经济外交和人文交流都很重要。推进“一带一路”沿线国家的经贸合作同时也能增进他们相互了解、信任和喜爱。中国经济发展是中国重要的品牌。人与人的交流很重要，面对面感受真实的个体，感受创造经济奇迹的人的话语、个性、情感、智慧，这就需要建立长期的情感联系，建立长期的合作关系。

最后一句话，这是贾斯汀在京东方液晶面板上写下的英文“中巴友谊万岁”。

图 4　中巴友谊万岁

这是我们共同的心愿，不管是研究者还是实践者，我们都希望不仅是中巴友谊万岁，还希望中国与世界的友谊万岁，这是我们想要的。谢谢大家！

主持人：钟新老师非常热情，所以真是不忍心打断她。她讲了一个非常重要的话题，特别是对于我们国家“一带一路”的大战略来说，媒体也好，媒体人也好，一种比较理想的形式是他们能够充当政府和民间的桥梁。在“一带一路”倡议推进过程中，媒体扮演着不可或缺的角色。媒体不单单是政界或者学界发表观点的平台，媒体人更应该成为参与者加入其中，这有助于塑造良好的国际舆论环境，也有助于互通有无的项目尽快落地。目前我们开展了不少邀请“一带一路”沿线国家媒体到访的活动，比如邀请东盟媒体团、中东欧国家的媒体团来我国“一带一路”节点城市考察，就是为了更好地了解彼此的需求点和利益结合点，当然也是为了让他们更好地了解我们的发展状况和人文风情。应该说，媒体是实现不同国家“民心相通”的敲门砖。所以说，钟老师他们做的这些项目非常接地气，非常地重要。之后在讨论环节有老师对项目细节感兴趣的话可以向钟老师提问。

下面有请外交学院国际关系研究所的副教授姚遥老师发言。姚老师身份众多，我逐一介绍一下，他是中国公共外交协会的研究室主任，外交学院中国外交理论研究中心的副处长，还是我们外交学院软实力研究中心的主任，所以关于话语权、中国软实力建设的议题，姚遥老师一定有很多观点能与大家分享。他发言的题目是“数字外交与中国话语权”，有请姚遥老师。

数字外交与中国话语权

姚　遥①

谢谢各位老师，谢谢陈老师热情洋溢的介绍，你把我的对内职务、对外职务、行政职务、研究职务介绍了个遍，比我自己都了解我，非常感谢你。另外我特别感谢钟新老师，2015年12月中非合作论坛约翰内斯堡峰会期间我们共同去了非洲，你刚才热情洋溢、饱含深情的演讲让我体会到了女性独特的软实力，非常开心。

我有几个不成熟的观点，想与各位前辈和同仁进行探讨。

第一个观点是，我觉得我们不宜对数字外交给予过高的期待和过分的意义。

数字外交这个词儿其实也就是这几年才出现的，美国一度很积极。讲到这儿我总是想讲自己亲身经历的一个例子，我在哈佛大学进行中美联合培养的时候，我的美方导师、软实力理论的提出者约瑟夫·奈教授有时候会谈起中美之间的软实力差

① 姚遥，外交学院国家软实力研究中心主任，中国公共外交协会研究室主任。

别。在我快要回国的时候他找我谈话，说：“姚，你马上要回国了，相信你今后对中国软实力能有点贡献，但是我必须告诉你实话，别看中国现在经济发展这么快，恕我直言，恐怕在你的有生之年中国的软实力超不过美国。”

各位同志，这个话听了以后我当天都没有睡着觉。我当时就问他，我说我还挺年轻的，您能不能具体讲讲凭什么这么肯定？他说我可以给你讲几个理由，非常简单地信手拈来，有两个“H”你们就不如我们。我说什么叫两个“H”？他说：“第一个H叫Hollywood，好莱坞，我们美国好莱坞拍的电影全世界都爱看，中东的人即便讨厌美国政府，但也爱看好莱坞的电影。你们中国拍的电影，据我所知还没有一部特别好看、特别有名的，没听说过。”

我说好，那第二个“H”是什么？他说：“第二个H更简单了，就是你此时此刻所身处的这个校园，叫作Harvard，哈佛大学。全世界人民都觉得这是最好的大学，不是吗？要不然你在这儿干吗呢？”噎得我又没话说。后来这些话时常萦绕在我耳边，但是隔了这么多年回过头再去想他说的这些话，我觉得其实很好反驳，他讲的不管是这个“H”还是那个“H”，都是对外传播或者公共外交的“术”的层面，而没有一个涉及“道”的问题。中东人民即便去看好莱坞电影，也还是厌恶美国的外交政策，好莱坞电影是“术”，外交政策是“道”，以

“术”来压“道”，这本身就是本末倒置。

所以回到今天的题目，数字外交不过是在传统媒体之外又增加了一个新技术而已。这几年我们中国公共外交协会也接触了美国各方面的人士，与美国国务院的相关官员和专家也有过交流。比如，我们与美国国务院分管公共外交事务的副国务卿理查德·斯坦格尔（Richard Stengel）交流过，他以前是美国《时代周刊》的总编辑，是资深的记者——顺便说一下，美国国务院的职务架构是非常复杂的，这个副国务卿英语是 Under Secretary，相当于我们的副外长，他下面分管着三个与公共外交相关的司局，有国际新闻项目局、教育文化交流局、公共事务局，每一个局的负责人不叫局长或司长，叫做 Assistant Secretary，即助理国务卿，所以在美国，助理国务卿其实就是司长。在 2013 年的时候，刚才说到的公共事务局专门任命了一个新的副局长，英文的职务叫做 Deputy Assistant Secretary for Digital Strategy，是一位女士，叫莫伊拉·蕙兰（Moira Whelan）。奥巴马 2008 年竞选总统时，她是竞选班底的宣传骨干，所以奥巴马也是朝中有人、上达天听。和这些美国国务院的外交官交流，他们对数字外交的认识经过了这几年的“大跃进”，实际上已经趋于理性。几位局长和副局长都表示，他们并不认为数字外交是什么革命性的事情，本质上与以前的传统外交一样，就是如何把想要传播的外交政策找到合适的对象传播出去，只不过又多了一种新的媒体工具而已，并没有什么本质的特殊之处。举个例子，2011 年埃及“阿拉伯之春”的时候，好多媒体说那是脸书革命，可是实际上埃及当时用脸书的年轻人不到总人口的 10%，后来能有那么多的开罗市民涌到解放广场参加革命，这消息并不是通过脸书传出去的。那是怎么传出去的呢？特别有意思的是，一些年轻人特别聪明，他们知道其实上网的人并不多，所以他们想到一个最容易传播信息的群体——出租车司机，他们可是传播消息的最佳源泉。可是这些年轻人也很有心眼儿，他们知道要是在出租车上直接跟司机说“我告诉你，后天上午我们准备在哪儿集合，咱们一起参加革命”，这司机保准得把他们赶下车。所以他们想了一个什么办法呢？他们边坐车边假装打电话，好像和电话那头密谋商量似的，说“后天准备去哪儿游行，小点声别让别人听见了，我在出租车上呢”。司机一听到是捡来的秘密消息，马上就像捡到宝似的到处传播，成了免费的广播员，最后动员了数万人走上开罗的街头去革命。所以，你要说这是脸书革命，恐怕不能这么讲，信息的传递最终还是通过最传统的方式，不必赋予数字外交以过高的意义，它只是传统外交在新媒体时代的一个延伸。

第二个观点是，我们不宜把外国的数字外交的经验套用在中国的实践上。

刚才说到，美国在奥巴马执政后，数字外交曾经出现了一段“大跃进”的时期。奥巴马在竞选总统时就主打新媒体，执政后对于新媒体也非常重视，这实际上是他国内政治的延伸。在美国的总统选举中，你要是不重视新媒体的即时传播效应，你要是没有一点能吸引眼球的东西，你就没有曝光率。到了今天出现唐纳德·特朗普（Donald Trump）这样的“大嘴巴”，实际上这种“媒体秀”已经走得很过了。奥巴马政府把“媒体秀”运用到外交之中，实际上一度推动了数字外交的“大跃进”，比如要求所有的驻外使领馆和大使都必须经常性地在推特上发微博，经常性地在脸书上留言，最好在驻在国引发当地年轻人的关注和讨论。

这种数字外交“大跃进”后来有一段时间走过了，收不住了，为什么呢？因为美国的公共外交跟中国的公共外交有一个最大的核心差别，就是美国的公共外交包含着干涉别国内政的霸权作风，所以导致他的外交官，包括大使经常在社交媒体上发一些干涉别国内政的言论，对别国的一些国内政策指手划脚。弄到最后，最严重的一个事件发生了，就是在2012年美国拍了一部电影叫做《无知的先知》，是讽刺伊斯兰教的穆罕默德先知的，伊斯兰世界的人民对此非常反感，可是美国驻埃及、利比亚等中东国家的大使和外交官竟然还发推特、发脸书来支持，说这个电影没什么不好的。最后的结局大家也知道，美国驻利比亚大使被当地恐怖分子炸得粉碎，所谓“世界第一号强国”的大使落得这么一个下场，真是令人不胜唏嘘，同时更是美国数字外交“大跃进”在自食其果。所以2013年美国国务院增设了分管数字外交的副局长，其职责之一就是对驻外使领馆和外交官在社交媒体上发文进行规范和引导，避免老在驻在国引发争议。

所以，我们切不能走美国这条路，我们的公共外交也好，数字外交也好，是为了让外国公众更好地了解中国外交的理念和政策，可不是去国外指手划脚，对他国的传统与道路说三道四，在新媒体上制造新闻噱头。这个本质的区别我们一定要记住，而且对于新媒体的“眼球效应”一定要有定力。比如，今天好多国际民调对中国指手划脚，2015年英国有一个叫波特兰咨询公司的民调机构炮制了一个“全球软实力30强排行榜”，主要的策划者叫乔纳森·麦克洛里（Jonathan McClory），也是哈佛大学毕业的，我跟约瑟夫·奈读书的时候是联合培养博士，他是约瑟夫·奈的硕士，毕业以后回到伦敦搞了这么一个公司。这次弄这个排行榜，他还找约瑟夫·奈写了序，老奈把他的这个排行榜捧得特别高，说有史以来终于有人做了一个量化各国软实力的研究成果。真有这么牛吗？其实，他不过就是选了30个他认为比较重要的国家，按照一套自创的标准进行排序。什么标准呢？30%是靠所谓随机采访，70%是他自制的一个指标体系，包括经济总量、旅游收入等等。可是，他随机访问的受众其实仅仅来自20个国家，很多还跟那30个被评判的国家是重合的，以20个国家来评30个国家，最后评出来的结果就能代表全球民众的意见？所以大家要客观看待一些所谓的全球民调，现在很多所谓的全球民意调查，包括 BBC 的，实际上每一次调查的国家都不超过 25 个，这 25 个国家就能代表全世界的民意？远远不能，发布民意调查的动机之一，恰恰是为了强化、引导甚至误导某些已经固化的民意。就拿这个“全球软实力 30 强排行榜”来说，第一名是民调公司所在的英国，把自己排第一，然后把德国排第二，把美国排第三；最后一名是中国，倒数第二是墨西哥，倒数第三是土耳其，都是新兴的大国。所以，这个民调的导向性是非常明显的。

最后一个观点也是对于数字外交的根本性的意见，就是我们必须把更多的精力放在“外交”两个字上，只有把重心放在对中国外交理念和外交政策的再确认上，才能够使数字外交在中国有更大的意义。

我还是举埃及所谓脸书革命的例子，大家看当时那么多年轻人轰轰烈烈地上街革命，可是到今天呢？一目了然，这个革命失败了，那些年轻人早就不知道去哪儿了，一些革命之后依旧看不到希望的年轻人甚至加入了极端恐怖组织。当时上街，是因为大量的年轻人找不到工作，今天又如何呢？革命以后，这些年轻人照样找不到工作，年轻人的失业率高达 50%，这一点也不令人惊讶，恰恰说明类似国家的发展理念和外交理念存在问题。

我人生中第一次出国执行外交任务就是去埃及，那时候 20

岁出头，那次访问埃及把我吓了一大跳，为什么呢？当时我们在开罗一个五星级酒店开会，在前台你不用给服务生小费，只要给他一支从国内带去的圆珠笔，那个服务生就高兴得简直要跳起来了。这个我真的没有想到，一个堂堂的文明古国，一支圆珠笔怎么就这么稀罕呢？我就问当时我们带队的领导这是为什么，他就告诉我说："小朋友，这你都不知道？因为他们除了长绒棉，什么工业品都不生产，圆珠笔是要进口的，当你什么东西都需要跟别人进口时，人家就能卡你的脖子了，所以圆珠笔在咱们国内稀松平常，在这里就是贵。所以大家以后如果去埃及，多带圆珠笔。还有什么呢？就是五毛钱一个的龙虎牌清凉油，能抵5个美金，不生产，一定就贵。

站在全球格局的大视野中观察，我们说2008年国际金融危机以后，这么多的中东国家依然处在深深动荡之中，本质原因就是没有实现自主的工业化，他们的人民没有占据国家工业发展的舞台，很多时候国家的核心产业都要仰外国人的鼻息。所以，这些道理才是我们中国真正需要传播的，而传播我们外交理念的工作，仅靠数字外交是没有用的，数字外交的特点是短平快，就好像今天我们的学生上课时人手一部手机，就在那儿刷朋友圈，看微信上那些碎片化的信息。而如果你想要真的获得知识，如果我们想要真的传播中国的外交理念，靠数字外交是不行的，最核心、最关键的还是要正本清源，回到"外交"两个字上。我想这正是将来我们学界、外交界、智库界所应该共同努力的一大方向。我就到此为止，谢谢！

主持人：谢谢姚老师，姚老师很卡点，正好15分钟。我感觉姚遥老师谈的这个问题其实也是对王存刚教授之前谈到的那个问题的回应，也就是说，数字外交也好，大数据技术的利用也罢，它们给外交带来的影响是一把双刃剑，主要看你怎么去使用它，这还是一个主体的问题。姚老师也提供了很多新的观点，这让我们更好地去思考软实力的问题。软实力到底包括什么？它能不能被测量？如果可以测量，如何去测量？我想之后的讨论环节一定会有不少老师向您提问。

我们下面邀请到的是重庆大学高等研究院的唐杰老师。唐老师来自于重庆，所以刚才钟新教授讨论的关于重庆的问题，唐老师也都有共鸣。不过唐老师这次要与大家分享的无关重庆，他要讨论的题目是“政治传播的数据化图式：方法与困境”。因为唐老师刚刚翻译了一本书，美国学者马修·辛德曼的《数字民主的迷思》，对于这本书唐老师有很多独特的思考，请他跟大家一起分享一下。现在有请唐杰老师。

政治传播的数据化图式

——方法与困境

唐 杰①

今天大家都在提大数据，例如舆情监测中的大数据分析，例如通过海量数据发现传播权力的不平等的问题。不过我们做政治传播研究，首先面临的问题是，去哪儿和怎么去挖掘这个数据，我下面想从个人的经验来谈一谈数据挖掘的方法。

事情缘起于我2015年翻译的一本书，叫做《数字民主的迷思》。它是早期（2005年前后）运用互联网大数据来研究传统政治学问题的一部典范著作，比如选举、政治派别、动员与捐款、意见表达等等。整体而言，它讨论的是互联网“民主”。一般我们认为互联网带来了政治更加民主化的情况，这本书则从一个描述性的视角，让我们看看海量数据是怎么说的。它通过例如链接结构、流量模式、搜索引擎使用习惯以及搜索结果的数据分析，来讨论互联网的意见权力究竟是聚集在一些顶级

---

① 唐杰，重庆大学人文社会科学高等研究院讲师。

的媒体和精英那里而更加集中了呢，还是让更多的人有被听见的可能性。互联网似乎让人人都能说话，是不是人们意见表达被听见的可能性也是更加广泛了呢，还是说比传统情况更糟糕了？具体的那些结论在此我们不做强调，只是想通过这本书的内容举例来看看数据挖掘的方法。

首先看一下几张图表给我们带来的一个启示。它在研究选举的时候，通过数据分析发现，在互联网上活跃的用户里面，访问政治网站的用户更多地是持自由派立场的用户（如表 1 所示）。当然这个自由派立场指的是在美国政治谱系里的自由派立场，可能跟我们国内左翼和右翼里面的一些倾向都是有交叉的。但总的意思是说，在互联网这样一个舆论生态里面，持某种政治立场倾向的人群对政治网站的访问更加活跃，因此互联网舆情跟社会主流人群的实际情况就会有差异。这个结论在书中主要是为了说明，美国民主党主席霍华德·迪恩（Howard Dean）在网上竞选为什么能取得巨大成功，很重要的一个因素就是他迎合了这部分网络自由派。

表 1　不同思想形态的用户对政治性网站的访问

	无	1—2 次	3—4 次	>5 次	总计
自由	60%	20%	7%	11%	291
中立	74%	17%	6%	4%	344
保守	69%	19%	7%	5%	327
总计	659	179	63	61	962

我们今天不谈这个结论，就是说一下它所运用的方法。第一个方法，这些数据从哪里来？我们做大数据挖掘，数据到底从哪里来？表 1 的数据源于比较传统的数据调查，即美国综合社会调查（GSS）。GSS 每年有一个全国性的采样数据调查，调查的方式是从电话采访到问卷调查都有，当然它这个量很大。严格来说这还属于传统的手工调查，是抽样性的。

第二个方法，是在书中的第二章分析到的，即关于最受欢迎的站点链接的集中度或者集聚度。此处它用到了一个叫机器学习的方法。它是支持向量机（SVM）机器学习的一种编程的方法。比如说它选取六大主题：堕胎问题、死刑问题、枪支管制、总统、美国国会和一般政治问题，然后从雅虎和谷歌的搜索引擎去搜，看它呈现出的结果是怎么样的（参见表 2）。它选取呈现出来靠前的 200 个站点，然后从 200 个站点里让机器，就是这个程序自动顺着这 200 个站点里包含的链接，再往下抓取 3 个链接的深度，最后下载了 300 万个网页，再让机器自动去分类。每一个问题，比如堕胎，就搜堕胎这个主题，在雅虎这儿从 200 个站点出发，顺着每个站点再继续往下抓取关联网页，所抓取到的网页还能不能归在堕胎这个主题之下，机器会自动进行分类判断。那么这个程序是如何分类的呢？它有一个自我学习的过程，人工会给它提供一些模型，它会变得越来越聪明。

表 2　最受欢迎站点的链接集聚度

	站点数	指向顶级站点的链接（%）	指向前 10 名站点的链接（%）	指向前 50 名站点的链接（%）
堕胎（雅虎）	706	15.4	43.2	79.5
堕胎（谷歌）	1015	13.1	70.6	88.8
死刑（雅虎）	725	13.9	63.5	94.1
死刑（谷歌）	781	15. 9	53. 5	88. 5
枪支管制（雅虎）	1059	28. 7	66. 7	88. 1
枪支管制（谷歌）	630	39.2	76.8	95.9
总统（雅虎）	1163	53.0	83.2	94.9
总统（谷歌）	1070	21.9	65.3	90.9
美国国会（雅虎）	528	25.9	74.3	94.8
美国国会（谷歌）	1350	22.0	51.4	82.3
一般政治（雅虎）	1027	6.5	36.4	70.3
一般政治（谷歌）	3243	13.0	44.0	74.0

根据这一结果我们就可以进一步分析关于这些主题的网页所包含的链接大部分是指向哪里的。如表 2 所示，例如前 10 名站点链接的情况，在堕胎这个主题中，雅虎排前 10 名的站点占到了 43.2 % 的链接，在谷歌这里占到了 70%；而指向前 50 名站点的链接，分别占到了 70% 到 88.8%。这意味着什么呢？我们在搜索引擎去搜某一类话题的时候，绝大部分的链接都指向了排名靠前的这些站点，说明网络中虽然有成千上万个各种

各样的站点，在此是指政治类站点，但是大部分的可见信息都指向这些排名靠前的站点。而这些站点你可以从各个角度去分析它们，比如它们是资本体量非常大的，或者是观点非常激进的。即使有几十万个博客、几十万个其他的什么网页，但是链接和流量主要是集中在前面这些少数站点的。

我们依然不谈它的结论，只是分析它在此运用的主要方法就是用机器程序去挖掘、去抓取、去分类，挖掘和分类是这两个阶段，挖掘可能要容易一点，分类可能涉及到机器学习，要难一点，在编程方面涉及到一些语义定义，需要有一个过程。这就是方法二，讲的是数据从哪来以及怎么处理。

第三个方法不光涉及数据来源问题，还涉及到这些挖掘来的数据你将以什么直观的方式将其展示出来。比如你一下抓取了上百万个网页或者相关信息，第一步当然是分析它们中间所呈现出的一些模型，找到你想得到的，然后把它以什么样的图示的方式展示出来。这里举个例子，刚才说的“集聚度”，在该书中它把这个链接数量的 Y 轴和站点数量的 X 轴分别取了“对数”，这样会发现在图像上颜色越深就表明链接密度越大，说明这样一个链接密度分布所呈现出来的是一个典型的幂律分布的特征，就是其中一部分站点占据或者拥有极大部分链接，而其他站点所获链接数极少，这意味着这些站点往往是无人问津的。这是一个展示方式，涉及到怎么对它进行计算和建模，怎么去找这些关系，然后涉及到一个直观的图示，用什么样的图来表示，在此的例子就是一个双对数曲线（如图1所示）。

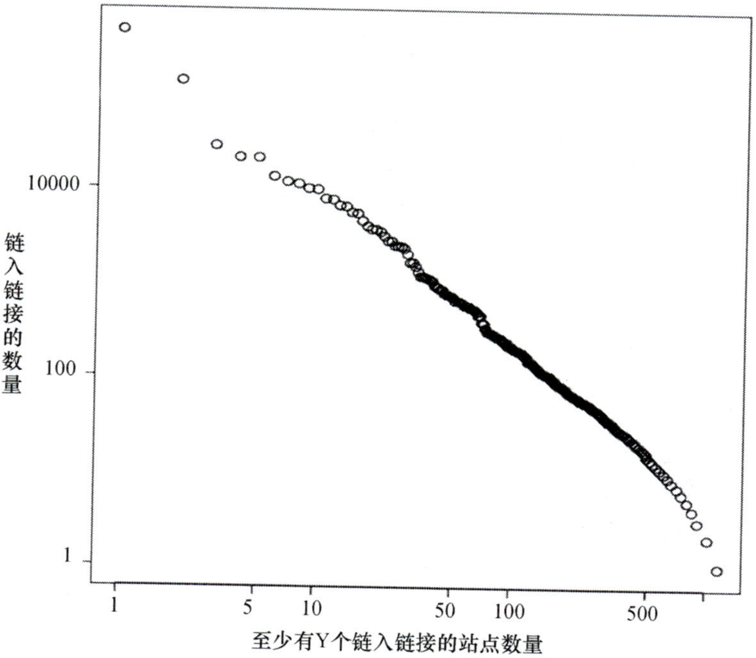

图1　链接数量和站点数量的双对数曲线图

第四个方面，我们再来看几张图给我们带来的启示。在图2“总体网络流量图”里面，最大的一块是成人类，而我们感兴趣的政治传播类的话题只占不到0.1%，在总流量里面这可以说是微不足道的一点。它依据的数据来自于Hitwise数据公司。而这个公司的数据又来源于哪里呢？它跟因特网服务提供商合作（即ISP，相当于中国的电信、网通，或者是歌华有线等等），开发软件把它们放到某些关键节点中去，自动来统计、跟踪用户的链接指向。当然它的统计是匿名的，只是统计数量，不统计具体是哪个人，不去抓取个人隐私信息。

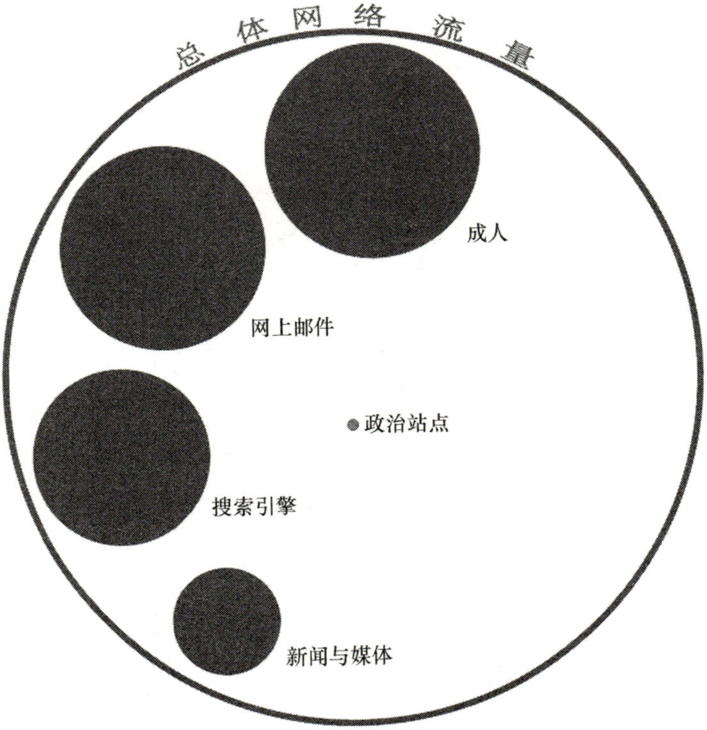

图 2　总体网络流量图

类似的分析还包括，比如根据前 50 名站点获得的流量分析可知，雅虎邮件、谷歌占了大头；根据前 50 名新闻媒体站点流量情况分析，媒体站点相互之间有很多交叉，从一个站点到另外一个站点的线条越粗，表明它们相互之间的用户共享量就越大。图 3 是"前 50 名政治站点间的流量关系"，其中黑色是自由派，白色是保守派，灰色是中立派，但基本上前 50 名的站点占据了流量的 80%、90%以上。这些数据都来自于互联网数据公司。国内的 TalkingData 好像跟 Hitwise 比较像，你跟它合作，它就在你开发的 APP 或网页里面植入程序模块，可以给你做数据统计。Hitwise 做得比较早，在美国跟几大电信运营商都有合作。在国内，电信运营商还没有开放这样的接口，或者还没有这样一个合作的先例。

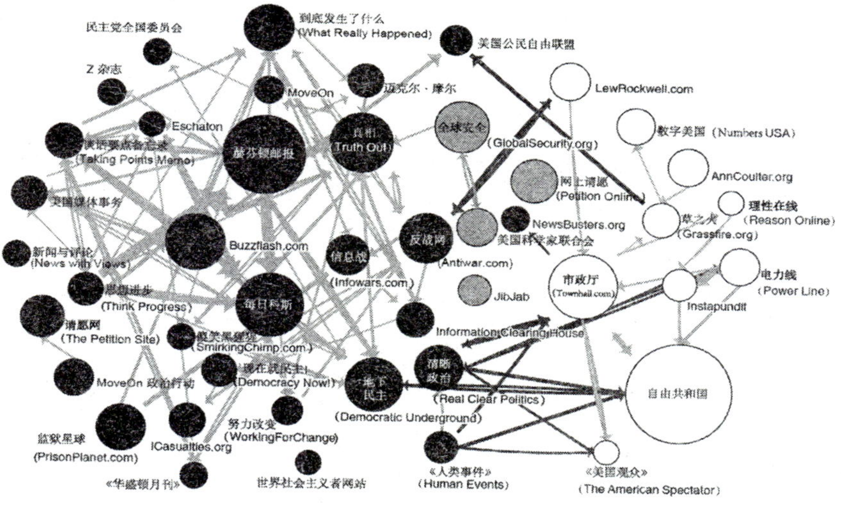

图 3　前 50 名政治站点间的流量关系

第五个方面，数据还有一个重要的来源就是官方统计。我们先来看一下该书的一个章节，其讲到了线上媒体和线下媒体的差异，所比较的是互联网媒体和传统媒体的受众份额（参见

表3）。一般我们会认为，传统媒体中由于例如华盛顿邮报、纽约时报这些比较著名的媒体受众最多，媒体集中程度可能要更强大，而互联网媒体由于更加开放，参与的人数多，谁都可以发言，它的集中程度应该更小。但是通过这个数据比较就会发现前10名、前20名、前50名媒体的情况。就前50名媒体而言，在新闻与媒体站点中其的流量占到了47%；在政治类站点中前50名占到了62%。而报纸发行量里面，前50名报纸只占到46%；杂志的发行量只占到了52%。这样的数据比较可以说明，互联网媒体反而比传统媒体、比纸媒更加集中。

表3　线上与线下媒体的受众份额

	N	前10	前20	前50	前100	前500
所有网站	1325850	26%	30%	35%	40%	51%
新闻与媒体站点	7041	29%	37%	47%	56%	79%
政治站点	970	31%	43%	62%	77%	99%
电台听众	1290	7%	11%	21%	33%	77%
报纸发行量	1058	19%	29%	46%	61%	91%
杂志发行量	653	27%	36%	52%	67%	98%

这样说很抽象，我们可以举个例子。原来我们每个县都有县级的报纸，恰恰因为地域比较远，有些地方比较封闭，媒体多样性得以保护，使得我们有不同类型的报纸，关注的话题都

不一样，在地方一个镇、一个县，我只关注本镇本县的问题。现在随着互联网的发展，好像一个高速公路，把所有地方都打通连接了，大家关注的都是最具有公共性的、全国性的话题，于是小的地方媒体反而死了。原来的地域限制保护了媒体多样性，而现在地域限制被打破了，却挤死了一些差异化的小众媒体，这样就造成了越来越多的人关注的是全国性的公众话题，越来越多的受众涌向了全国性的知名媒体，这时集中程度比以前更高了，从某种意义上，这也意味着控制度更高了。

这些数据除了来源于刚才提到的长期提供这类服务的类似 Hitwise 的互联网数据公司之外，还来自于美国的一个政府机构——发行量审计局（ABC）。它为几乎所有主要的美国报纸和杂志出具发行量数据的证明，相当于咱们原来的新闻出版总署，它有一个发行量统计，比如参考消息 300 万份、环球时报多少万份，它有一个官方统计数据。在今天我们如果从研究的角度来说，去获取传统媒体的发行量，可能还可以获取。如果获取新媒体，比如我要研究观察者网或者澎湃的访问量，我从官方那里就很难获得数据，那官方还有没有渠道？这是第五方面，也是关于数据来源的。

下面我总结一下所提到的一些关键的点。

第一，社会调查或者网络调查方法。这是比较普通的调研，可以是电话、问卷，我们在初期，比如前几年一些新闻大学的新闻学院搞所谓的舆情监测中心，往往就是请很多的学生志愿者到处打电话去调查，名为大数据但实际上不是，当然数据量比以前要大很多。还有网络调查，就是网络问卷一类的调查，越来越多这样的公司提供问卷制作和统计服务，比如说“问卷之星”这个企业，它就提供问卷模板，生成网页，然后我们可以通过微信来分享，让大家来填这个问卷，然后它能自动统计结果，生成图形。

第二，机器学习和挖掘。这个难点在哪呢？主要在于我们作为一个研究者和主管部门，必须要跟技术力量形成合力，单靠任何一方都不行。研究者和主管部门那里有问题意识，但是却不知道这个数据从哪里抓取，抓取以后怎么分析，甚至想不到哪个数据可能存在网络的哪一个平台或后台那里。单纯从技术这块说，没有人委托你，也没有人提问题需求，技术这块不可能主动去挖掘这样的关系。比如刚才说的，访问政治性站点的是自由派占多数，还是保守派占多数，类似这种简单的问题，技术和技术企业不可能主动去挖掘分析，对企业本身来说无利可图，并且往往还形成不了概念。比如微博这个平台自己也没意识到可以从这个角度去挖掘，这个数据是现成的，但数据的关系需要你先有概念和问题，然后重新开发程序去整理。因此，就需要两方面相结合，要求研究者和主管部门务必要对这些技术和环节有概念性的了解，这样我们才能请一个技术团队来讨论商量，对于眼下这个问题需要我们可能采取什么样的方式去解决，如此这个数据挖掘的方式才能给我们提供一个非常有帮助的路径。

第三，互联网数据公司的数据来源。这个国内还很不成熟，前面提及的美国的 Hitwise 做得很成熟，在法律上也有具体规定。在国内的数据方面，百度、淘宝、微信都有其数据，但一方面正如前面提到的，它没有动力为你的政治传播、舆情监测做数据挖掘，这个开发周期不会短，需要花很多人力物力；另一方面，它也没有概念和问题意识，做这样的数据挖掘所为何事？

更加重要的是在法律和机制上。比如说我给你做这个数据挖掘，会涉及到用户的隐私。那么这样的服务是形成常态合作机制，还是只是政府主管部门临时来找我，是公开合作还是秘密委托？这都需要有一个共识、机制乃至立法。此外，百度、淘宝、微信所掌握的这些数据，到底是属于百度、淘宝、微信所有的，还是说也带有公共所有的属性等等，都需要从法律上跟进。当然，首先实践上还得有人去操作，跟这些企业去谈。现在很现实的情况就在于，我如果委托百度去做一个数据挖掘项目，我到底找百度的哪个部门去沟通。我说我要做一个关于传播权力不平等的数据挖掘统计、逻辑分析，那我具体该跟哪个部门去沟通、价格多少，这个都没有一个成熟的、公开的机制。现在各方就是把自己的数据当成私有的宝藏，如果学术研究和政府部门代表“公共性”来要求使用数据应该如何处理？在这方面我们的机制和立法都不完善。

第四，政府机构的数据统计。前面提到，除了传统的纸媒发行量有登记、备案之外，现在互联网的流量以及它背后的一些复杂关系，政府机构能不能监测到？在国内，所有的互联网数据出口都来自于几个节点、几个服务器，比如上海交大一个、清华一个，甚至据说国新办也有集群服务器，所有数据通过这些节点时，可以进行复制挖掘，但这究竟做到什么程度了？是处于概念阶段还是实际运作阶段？像微信这样的平台，基本上现在是封闭式的，它的信息自成一体，它自己可以统计，向不向政府开放，向不向学者开放，政府想要绕过它，主管部门想绕过它监测这个数据可不可能，还是说必须拿一个合作框架出来？所以说对于政府数据统计，首先学者和公众能否方便地使用？其次它这个数据现在还能不能全面可靠？这些都是问题。

最后一个问题，即数据处理的图示方案。这个也很关键，原始数据拿来之后，你要打磨取精，并分析其中的关系，尝试建立关系模型例如函数拟合，然后再以恰当的、直观的图表展示出来，这些都需要反复研究、推敲和交流，需要统计学知识、复杂图象的展示设计经验等等。

跟大家分享上述思考的目的是希望我们都能有数据挖掘的方法的概念，在具备问题意识的情况下，设计自己的挖掘项目，即我们怎么去做。比如说是不是可以做一下“共识网”与“观察者网”两家网站的流量规模、网友规模、网友重合度、话题重合度的研究？再如，微信里面100个最受欢迎的政治类微信公众号，它的受众重合度情况怎么样？它的每日更新、点击率情况怎么样？它发布敏感话题的时候，传播路径怎么样？总之还有很多未尽的议题需要我们进一步探讨。

我的报告就到这里，谢谢大家！

主持人：谢谢唐老师，一个非常有趣的介绍，他用一系列的数据向我们展示了在数据时代，数据源于哪里？如何搜集，如何分析，又如何展示？首先，有必要提一下《数字民主的迷思》一书所展示的观点：互联网并未像很多人想象的那样带来更深入的民主变革，因为互联网本身就经历了一个分化之后再垄断的过程，在这方面它比纸媒有过之而无不及，因此我们所谓互联网是所有人对所有人的传播，可以更加多元而全面地展现社会的观点，未免有些一厢情愿啦。所以互联网的信息传播自然也有其自身的议程设置，可能其程式与传统媒体略有不同，但终究有规律可循，基于此我们有必要在这方面投入更多的研究，从而有助于我们凭借互联网在外国受众中塑造有利于我们的舆论环境。

其次，唐老师提到了一个非常重要的观点，就是政府或者研究机构与数据和技术如何能够结合？前面的小节，学者们也在讨论这个议题，一个有问题意识却不知解题路径，一个有解题工具却不知要解何题。二者在共识、政策甚至法律方面的沟通才是最好的解题之道，但的确是任重而道远的。

再次，我了解唐老师他们正在对外国支持中国大学的基金会进行一个大数据的统计。我觉得这是个很有价值的研究，至少从中国软实力的建设方面来说，是我们非常有必要掌握的信息。我们知道于公共外交而言，基金会是一个很重要的手段、形式或者主体。因为公共外交的对象主要是其他国家的大众，基金会以其非政府的形象更易赢得民心，也更隐蔽，它体现了典型的润物细无声的过程。期待早一些看到唐老师的研究成果。在座的各位老师如果对此有什么问题，也可以在自由讨论环节向唐老师提问。

最后，我们请中国人民大学国际关系学院外交学系的副主任张广生教授来与大家分享一下他的观点。张老师主要针对中国文化主导权做了一些研究，所以请他探讨一下“新媒介过程与国家合法性”的问题。有请张老师。

新媒介过程与国家合法性

张广生①

谢谢主持人，谢谢各位给我这个分享观点的机会。我2002年到2008年在中国人民大学国际关系学院外交学系工作，现在虽然因为工作需要已经转入政治学系，但是我的研究还是有连续性的，我在外交学系主要研究国际传播和外交史，我的专业是中外政治思想史，目前承担了一个题目为“互联网舆论场域与文化领导权”的科研项目，这其实是一个中层理论或者中层视野的课题。

我要讲的题目是“新媒介过程与国家合法性的建构”，我们这一节的议题是“数字时代中国软实力的建设”，其中我更关心中国的问题。

就“新媒介过程”而言，无论是数字技术还是大数据，包括我们所说的移动终端的普及，主要是指以互联网为中心建立起来的一个技术体系，或者是技术结构。所以，首先我们对这

---

① 张广生，中国人民大学国际关系学院政治学系教授，政治学系副系主任。

个技术结构的特点应该有一些认识。

互联网最初是以军事为目的在美国发展起来的。当然现在互联网普及为一个民用的项目，它改变了我们的生活，实现了我们点对点的交流，使得信息发出和接收之间建立起的这种网络性的互联变得非常方便，也让我们觉得这种沟通互联的媒介好像是非常平等、无碍的。

今天我们搞经济工作的朋友经常讲"互联网+"，有人甚至觉得网络银行能给中国的金融带来突破，诸如此类有很多热切的期待。这些期待的确是观察到了互联网技术对中国经济和社会微观层面的有益影响，但是如何把这种有益影响放在宏观领域来判断？前提是我们要对互联网的结构有清晰的认识。我们可以从物理层次、编码层次和内容层次三个方面来理解互联网的结构。

就物理层次而言，重要的就是服务器，比如说根服务器，13 个根服务器大部分在美国，一个主根服务器在美国，12 个辅根服务器中，欧洲有两个，其中英国有一个，瑞典有一个，亚洲有一个在日本，剩下的全在美国。从物理层次来看，其技术结构的控制力是很强大的，一旦发生重大的战争或者冲突，居于物理结构根部的层级可以直接切断次级层次。虽然我们今天依赖这个网络，随时可以查东西，但是根服务器一个也不在中国，所以对于金砖国家这些新兴经济体来说，如果你的银行清算、远程清算还都要依赖于这个结构体系，那么它的战略安全性是缺乏保障的。

再来看编码结构，也就是把信息通过数字化来存储和传输的问题。越接近根部的，无论是物理结构的根部还是编码结构的根部，越是能解读和控制在表层编码层级的信息。所以，即便在内容界面上我们觉得互联网是非常自由的，我们可以随意地发表意见，但实际上，在技术结构上互联网是有很强的监控能力的。

就内容层面来说，其实互联网导致的文化权力的集中趋势已经越来越明显。前面唐杰老师的个案虽然不是专门讲这个问题的，但也从一个侧面涉及这一问题。互联网媒介的便捷形式，给了我们一个初步的想象，即我们觉得至少在内容层面，它的信息分享会使多元文化、各民族的传统等等，都能得到一个更好的发挥和尊重，但实际上你通过研究那些网站集中度的分布就会发现，这些媒介会使传统的媒介、小众的媒介都被压缩掉或者淘汰掉，实际的状况和我们的想象正好相反。

在这种物理结构以及信息流动结构的大前提下，我们再来看中国的文化领导权问题就会更清晰一些。有一些数据可能很值得重视，比如说全球音像文化产品的流动方向和流量，有统计显示70%都是由发达国家，当然主要是美国和西欧流向发展中国家的，而我们大部分音像制品很少能流向他们那里。印刷品也是，比如贝塔斯曼一家出版企业一年的销售额，就相当于中国350多家出版社的总销售额。这样的信息流动结构短时间内还难以改变。

信息里面当然是包含着价值取向的，因此这些流动过程中必然有文化霸权结构的存在，它并不是一个扁平的结构，并不像有些人设想的那样是一个“地球村”，实际上在友好的界面背后，传统的支配一直存在，正如前面姚遥老师讲到的软实力的问题。就这种新的技术条件而言，西方19世纪以来形成的文化霸权真的削弱了吗？还是相反，在某种程度上是以一种新的形式同构在加强呢？因为互联网这种技术形式会突破主权的边界。传统的主权国家，特别是我们这些后发国家，在面对所谓欧美世界的文化霸权的时候，我们会警惕他们的很多东西。以前我们可以用主权国家的传统手段，比如说监控一下图书的进口，还有电影进口的审查，但是现在这种网络技术，它会实现点对点的迅速传播，大家可以浏览各种信息。如果互联网技术层级的权力不在这个主权国家手中，那么想要监管和引导内容也仅仅只是一种愿望。

实际上对比传统国家的主权权力结构，在这种新的治理环境下，我们要影响外国受众，或者是让中国人自己去理解中国的国家目标和对外政策，其实比以前变得更困难了，因为“你中有我，我中有你”，文化权力的结构与配置策略都更复杂了。

既然看到了这个技术结构其实是和既有的支配结构相互匹配的，那么期待互联网的技术革命能够简单扭转我们在全球信息和文化方面受支配的局面，就是不现实的。我们从新媒介技术开始发问，现在又回到了非常传统的对外交和政治生活的理解上。我们的公共外交研究，如果没有对外交史，对整个世界政治史的深入理解，就会丧失一些深度和广度。

我们说传播过程以内容为王，无论是请进来还是走出去，都涉及到最关键的内容，那就是我们的软实力究竟在什么地方？一方面我们说自己有五千年的文明。另一方面这个悠久的文明如果只被放在博物馆里，那也是不行的。那它展现在我们日常生活的什么地方呢？

这就涉及到中国国家合法性的重建问题了。近代以来中国受到西方的冲击之后，我们“文明—国家”的那种自豪感和优越感其实受挫了。梁启超在民国的时候讲，中国受到西方冲击有三个阶段，从船坚炮利，到法政制度，再到思想伦理，其结果是我们觉得自己什么都不如西方了，事实是否如此另当别论，至少思想界的这种“挫折意识”表明，中国“文明—国家”的合法性遭遇了最深刻的危机。经过新中国国家建设的努力，中国的国家实力有了十分明显的提升，但是中国国家的发展目标和国家形象究竟是什么呢？不诉诸一个政治史和思想史的视野，我们很难理解这个问题——中国现代国家建设的目标不仅仅是学习西方式的民族—国家，而且是要实现“文明—国家”的复兴。换句话说，我们不仅要富国强兵，改变在“种与种争、群与群争”的世界中被动挨打的局面，而且要重建自己的文化威望。

有一本书叫《万历十五年》，在改革开放的空气之下传播很广，据这本书说，因为中国缺少数字化的现代国家管理，所以从 1587 年就不行了。再想想某些流俗版历史叙事的说法，一讲 1787 年英国马噶尔尼使团访华，就认为中国丧失了和英国和平通商的机会，甚至是改革开放的机会，是这样的吗？

大家若是仔细研究世界政治史、外交史，还有思想史，可能就会有不同的看法。你看 1587 年的英国什么样？1587 年的英国还没有统一，还没有不列颠，国王的内府跟国家的国库都不分，用 1587 年的欧洲国家和万历年间的中国对比，能得出这样的结论确实很令人惊讶。就经济史来说，1787 年马噶尔尼的贸易理由的确不充分，不仅乾隆时代，而且到咸丰时代自给自足的中国确实对英国产品没什么需求，当然鸦片战争后中国对西方的军事工业产品开始有需求，但这种需求远远超出了“自由贸易”的范围。

《万历十五年》的作者黄仁宇先生学问做得不错，不过就他所叙说的 1587 年的历史而言，可能就有些理论先行了。因为学习韦伯，所以我们一说学习社会理论，一讲现代欧洲的发展经验就是理性化，理性化在政治上就是所谓的文官制度，所谓的官僚国家的建立，在经济上就是复式会计制度，文化上就是新教。黄先生这样一对比中国，一测量中国，那我们 1587 年自然好像就不行了。

其实我们研究一下历史就会发现，中国有自身的历史逻辑，万历年间中国非常强大，中国有世界上最强大的海军，所以利玛窦说，若是以当时欧洲列国竞争的逻辑来看，中国要是派出一支舰队谁也抵抗不了，中国要是输出自己的价值，并且要搞武力威慑下的贸易，那谁也压不过中国。但中国为什么不这样作为呢？他说中国不走西方式的道路是因为中国是一个内向型的国家，中国主要受儒家的教育，是哲学家们统治的国家（当然他是从柏拉图的眼光来看的），他们要求中国更关心自己的内政，对外方面十分节制。中国不是利玛窦看到的自己时代的欧洲式国家，这个时代的欧洲正是要建立所谓的绝对主义国家，也就是处于从封建的君侯国家变成民族国家的过渡阶段，后来他们要变成民族—国家的时候，才能真正形成对中国的冲击力量。简单地说，民族—国家其实就是现代欧洲发明的那种“主权国家”。主权国家作为“中立的法权机器”，对国家内部力量的控制能力其实不强。为什么这么说呢？因为基督教和世俗政权之间是相互分离的，所以其对内的政治能力与伦理—政治合一的古希腊城邦还有中国相比是非常有限的，因此大家看到他们的教会也四处传教，他们的商人也四处去赚钱，他们的国家在对内对外维度上往往是这些力量的工具，缺少历史社会学所谓的“国家自主性”。19 世纪的欧洲民族—国家真正成长为资本和暴力的集装器，当然他们当时有技术投送能力，也就是蒸汽铁甲舰能载 80 多门大炮以及 500—900 人，而我们当时的军事工业技术是不行的。

中国军事工业技术的发展则是近代以后，特别是新中国时期的事情了。首先要统一中国，之后才能实行赶超式的工业化战略。我们当然是学习了西方模式，首先是富国强军的那一面，但是作为后发国家又不能完全复制英美道路与模式，我们还要学习新经验，比如类似俄国这种后发国家的模式，我们要迅速增强自己的重工业技术能力。重工业之后是轻工业，我们日常生活消费品的生产能力也空前强大起来。

理解和接受中国的崛起，对于西方来说是个重要的思想课题和政治课题。研究国际政治的人有句笑言，中国人学谁谁就有危险，学苏俄，苏俄自己却坚持不下去了；学美国，美国可能也消受不了。俄国没有搞好是为什么呢？可能它主要是发展重工业，基本不发展轻工业，人民生活可能没有解决好；另一方面也有其文化上的原因，苏俄是西式的英雄主义文化。最近有一本书叫《二手时间》，它记述了俄国人的记忆。统一俄国的是那种武士式的、英雄主义的“主人意识”。但在和平时代面对市场的时候，武士式的英雄很快变成了历史，那些流血牺牲的人都被人忘掉了，在市场经济原则下，那些英雄连饭都快吃不上了，要领微薄的生活补助，但那些觉得耻辱而不愿意领补助的英雄人物就选择了卧轨。

苏俄经历了这样的转变，我们当然也经历了市场经济的转变，但是我们的转变跟俄国的文化背景不同，我认为不同就在于我们有儒法国家的传统。我们并不是西式的富国强兵的那种模式建立起来的纯粹的所谓法家式的国家，我们其实是一个儒法国家，一个文教国家，我们有文士的道德文化传统。中国虽然学习了西方，吸纳了民族—国家的某些要素，但中国并没有转变成纯粹的民族—国家，某些政治学家甚至说中国是打扮成“民族—国家”的“文明”。

重要的是，我们这个国家的整合能力包含有非常强大而柔软的部分，确实像我们所说的软实力的部分。比如说最近大家关注“雷洋事件”，有人议论说，你看美国人执法那么严格，你要是稍微一对抗警察，随时可以合法射杀你，以此类比“雷洋事件”。这种观点，我觉得就是不理解中国文明的特点。中国的老头、老太太到美国去，横穿马路没看红绿灯，立马被警察按倒在地铐起来，脑袋磕坏也白磕。而在中国，儒法国家的传统要求我们要亲亲、尊尊、贤贤。警察执法的时候也是这样，我们不仅要靠刚性，更要靠大家的亲亲、尊尊、贤贤，我们的社会主义传统还要求警察是人民警察，没确定是否冤枉，又执法不当，给他人造成致命的伤害而要逃避谴责和追责，那于中国的情、理、法都说不过去。

我们亲亲、尊尊和贤贤的传统，在我们走出去的时候也都显现了出来。比如说我们在非洲，虽然英美和欧洲一些国家说我们是新殖民主义，但是我们跟这些地方接触，是给他们带去了很多实际利益的，比如我们在当地推进的基础设施建设，欧美人早于我们上百年就和非洲人接触，他们给非洲带去的是什么呢？有人说中国人近几十年变得远离传统文化，我们的政治—社会发生了很多大的变乱，但我们的家庭传统保持得很好。据我观察，中国人的家教在世界上是非常好的。我们很多人从农村到城市没有受到城市的训练之前，也一直受到家庭的训练，中国家庭对大家的教育和训练是非常厉害的，它影响了我们待人接物的方式，这也是我们所谓的儒家最草根的地方。

我们的公共外交要"请进来"、"走出去"，这当中的关键是讲好中国故事。近代以来，不仅中国的政治家关心这样的问题，中国的知识分子更关心这样的问题。但是，作为世界信息和文化支配结构中不占据优势的后发国家的一员，即便中国已经取得了巨大的建设成就，但理解中国道路，担当起重建"文明—国家"的使命，却并非简单轻松的思想任务。因为，19 世纪以来，西方日益成为整个世界经济、政治与文化议程的设定者；20 世纪，绝大多数非西方国家虽然在军事和政治上摆脱了被殖民的状态，但是文化上的被支配状态却不会马上改变。因为文化权力的分布形式是弥散的，"西方的"价值已经伴随"现代的"价值把"非西方的"贬抑为"落后的"，最多是"传统的"。西方冲击造成中国科举制和君主制的废除，这意味着中国政教文明的总体性危机。为了克服这一危机，从民国到社会主义新中国，中国进行了复杂曲折的探索。理解这条探索道路的关键是要理解中国“文明—国家”合法性重建任务的艰巨性。我们必须把儒法文明的古老传统和社会主义的新传统贯通起来，才能理解中国文明国家复兴的使命。儒法传统认为，人既有庸常的食色天性，又有高贵的仁义天性，文明国家的责任就是要发挥人的自然德性，由人的卓越的天性引导人的庸常的天性，建立起“敬天保民”、“隆礼尊贤”的伟大而和谐的秩序；社会主义传统认为，超越高度榨取人和自然的资本文明，建构能够解决好人与人、人与自然矛盾的社会主义共同体，才能使人类社会获得可持续发展的基础；当代中国的新天命就是融会贯通儒法传统和社会主义传统，重建文明—国家的使命。这一使命不仅要把当代中国的三个三十年联系在一起，而且要把中国文明—国家 1840 年到 1949 年的一百年、1949 到 2049 的一百年和 2049 到 2149 的三个一百年联系在一起，要把小康和大同的高贵社会理想联系在一起。

我先讲这些，有问题一会儿我们再讨论，谢谢大家！

主持人：谢谢张老师，我觉得张老师谈到了一个非常关键的问题，就是从文明的角度去探讨一个国家应该具有的软实力，美国著名的汉学家白鲁恂（Lucian Pye）不是留下过这样的名言嘛：“中国不只是又一个国际社会中的民族国家。中国是一个佯装成国家的文明（China is not just another nation state in the family of nations. China is a civilization pretending to be a state.）。”这的确应该成为我们重要的软实力资源，正如张老师所言，对于加强中国的软实力来说，我们首先应该有自己的文化自信。当然，关键还在于如何去“开发”这一资源。张老师提供了一个选项，大家也可以就其他选项献计献策。由于时间关系，我不多说了，下面一点时间交给我们的系主任唐晓教授，请唐老师对几位学者的发言做一个评论。

评　论

唐　晓[1]

对于大家发言的内容，我都感受很深。上海市美国问题研究所研究员倪建平所长，主要是谈记者如何利用公益媒体平台来展现中国企业走出去的过程。

钟新教授和倪教授的关注点类似，通过一个记者培训项目的案例展示了在新媒体视角下，记者从业人员作为一个信息的发布者，他们对一个国家公共外交的建设所具有的作用和重要意义。

我们外交学院跟钟老师那里一样，也开展过类似的培训项目。比如我作为非洲研究中心的主任，2015 年接到过新闻司的任务安排，组织了一个非洲记者培训班。这些非洲记者也是走进校园，与我们做一些关于中国外交、中非关系的研讨，以此促进了非洲记者和高校教师的交流。再比如外交学院这个学期还接待了新闻司安排的南亚记者的培训班，他们就住在外交学

① 唐晓，外交学院外交学与外事管理系系主任、教授，外交学院非洲研究中心主任。

院，我还参加过他们的两次活动，主要是介绍中国的政治制度和中国的两会。他们是 3 月来的，还去采访了全国人大和政协会议，增进了他们对中国基本情况的了解。

我感受深刻的一点就是，讲中国故事要搞好公共外交，要做好国家形象，这项工作需要抓住记者这个群体，让他们作为数字时代的信息发布者和传播者，他们是一个很关键的群体，需要我们去做这个工作。

两位专家的介绍也唤起我很多回忆，我觉得我们应该把这个工作更好地总结起来，因为钟新教授讲到了这些记者在中国的经历和他们的感受，我想这个观察的时段是否需要再拉长一点。因为记者们到我们这儿接触到这么多东西，我们让他们在第一线边看边学习。通过一线这样的方式让他们体会，那他们回去以后会怎么样呢？这是否会影响到他们的声音、观念和想法？通过亲身的经历，他们对中国的认知是否有改变？这种改变如何体现在他们的传播作品中，也就是说我们做这些项目的效果如何体现出来？我觉得这还需要一个跟踪记录和后续观察，因此这个研究进程可能还要往后推。

另外一块内容是重庆高研院的唐杰老师就政治传播数据的方法与困境所做的讨论。首先作为数字时代的公共外交，一方面我们需要抓住信息的传播者，同时需要抓住信息的接受者，正如唐杰老师通过分析线上线下媒体信息的接受者，看大部分是些什么人在接收数据？他们的偏好是什么？我认为对信息受众进行这样一种分析是非常重要的。当然唐杰老师分析的面是比较广的。最后他通过自己的案例讲到了政治传播数据的挖掘问题，也谈到了面临的困境。从技术层面来讲，我觉得这非常重要。因为我本人也从事政治学理论的教学，同样会涉及到政治与沟通、政治信息的传递和流量等问题，这些东西具有普遍性的意义，特别是当我们对大数据时代的受众进行分析的时候更是如此。

姚遥教授谈到数字外交与中国话语权的问题。他谈到我们在大数据时代，正面临一个应用先进的技术和手段，以及我们利用这些技术和手段的目的是什么，以及初衷是什么的问题。这些都是非常值得思考，又极为重要的问题，因为大数据毕竟只是给我们提供了一个好的手段而已，但是这个手段要怎么去用呢？我们不能淹没在数据的技术中间，我非常赞同姚遥老师做出的这个提醒。

最后张广生教授提到了从文明的角度，从全球视野下的信息流的角度看中国软实力建设的问题。信息实际上也是一种资源，也是一种配置，这个信息流的实际流向和配置与全球政治和国际政治是分不开的，特别是在数字时代的背景下，信息的物理结构、编码结构都在发生调整，所以从文明的角度来探讨这个问题非常现实，也非常必要。

整体来讲，我从这几个方面获得了比较深刻的感受。谢谢大家！

自由讨论环节

主持人：谢谢唐老师精彩的点评。因为时间有些晚了，所以留给大家自由讨论的时间非常有限了，可能只能留给三、四位老师来提问，请大家抓紧时间向刚才发言的嘉宾提问，谢谢。好的，王老师先来。

王存刚：谢谢陈老师，我就谈两点。第一点是一个案例，列宁写过帝国主义是资本主义的最高阶段，他用的材料都是西方政府的官方材料，但是得出了一个革命性的结论。列宁在写这本书的时候，曾在导言中讲到，在社会科学研究中没有比胡乱抽出一些数据更可怕的事情，我觉得这件事情特别值得我们深思，这是第一点。第二点，不管是我们的政治科学研究、新文学研究、历史研究，还是广义的、我们整个的人文社会研究，我们的研究对象是社会事实，社会事实既有可以定量的方面，也有不可定量的方面，这是我们在使用大数据的时候要特别注意的。就这些，谢谢大家。

听众 A：我想问姚遥老师一个问题，如何定量地测量一个国家的软实力？

姚遥：非常简短地回答您这个问题。如何定量地测量一国的软实力，我觉得刚才王存刚教授引用的列宁的那句话是最好的回答了。放眼当前的国际民调，不管是 BBC 还是波特兰公司，一个最大的硬伤是，其采访的大多数受访者都来自于西方国家，亚非拉国家占其样本国家的比例不足 50%，这个与全世界西方国家和亚非拉国家的实际比例是不相称的。我们中国要想让软实力提升，还是要把视野放到更多的亚非拉国家当中去。中午我们跟几位教授聊天的时候也谈到，我们与美国的一些矛盾是结构性的，在美国花 100 分的力气做工作，可能只能收获 1 分的效果；可是如果我们对亚非拉国家用 100 分的努力，你就会有 100 分的回报。我觉得这也是我们未来研究和提高软实力的一个方向，即更多地转向辽阔的亚非拉，站在发展中国家的立场来开展国际民调，谢谢。

听众 B：美国的皮尤和盖洛普都针对亚非拉国家做过很多民意调查，您怎么去评价这些调查呢？

姚遥：您所说的这几个民调我们都关注过，其实不光我关注，外交部新闻司也关注，我们专门为这个开过两次内部研讨会。其实所有的这些民调都有一个共同的问题，比如他们都存在民调样本的一些缺陷。当然如果我们把这些问题放到一边，只看它的调查结果，你能看到有些大的趋势是相同的，就是中国在亚非拉国家的认同度相对都是很高的，这足以说明问题。

听众C：我还是接着这个问题非常简短地问姚遥老师一个问题，那发展中国家的对华印象，还有我们公共外交实际效果的评估，一般应该通过什么样的渠道去了解呢？因为我觉得这是一个非常需要实证的问题，对此我们不能仅用印象去谈。所以我个人还是比较认可舆论调查的结果的，它实际上是一种实证的方法，一种科学性的方法。因此我想问一下，不知道您是否掌握这方面的情况可以与大家分享。

姚遥：我们既要看到西方民调所存在的硬伤，同时也要肯定民调在一定程度上能够反映舆论和引导舆论。比如，不论在哪个国际民调中，亚非拉国家对于中国的认可度和好感度都是偏高的，这就足以说明一些问题。现在，一些国家部门已经开始积极研究，启动能够体现发展中国家视角的、具有更高代表性和涵盖度的国际民调，我们会把更多的样本放在发展中国家，尤其是“一带一路”沿线国家。“一带一路”的一个根本意义，我刚才已经讲过了，就是很多国家到现在为止依然没有建立起自主的工业化，而欧美日这些强国对于帮助亚非拉国家实现工业化历来不怎么感兴趣，你要工业化了我还怎么卡你的脖子？而恰恰中国从孔子开始就强调，己欲立而立人、己欲达而达人。习近平总书记在莫斯科国际关系学院演讲时也阐释了，这不仅是一个道德问题，更是因为在中国的传统看来，如果这个世界只有你自己发展，甚至你的发展是以别国的不发展为代价的，对不起，你的发展和繁荣一定无法长久，可能最后会摔得更惨。这其实正是中国外交理念最根本的核心意涵。所以，我同意实证很重要，可是从根本上讲我还是那句话——皮之不存毛将焉附，如果没有一个核心的理念能够给这个世界找到一个共同发展的更好的方向，你到处调查那么多零零碎碎的数据来干什么用呢？谢谢。

主持人：好的，讨论很热烈，非常感谢。时间关系，不能让大家一一发言了，我表示抱歉。有问题的老师可以会后继续交流。

显然大家对于如何有效测量软实力的问题非常感兴趣。全球民意调查是否可以作为衡量一国软实力的指标？这些民调是否带有偏见？我们又当如何评价这些调查结果？这些都值得我们进一步研究和探讨。通常而言，民意调查是最直观的，一目了然，但好感度调查指标太单一，由此可检测的信息太少而且也不具有确定性。换句话说，对你好感度高并不能由此推测你的软实力就强。就像皮尤提供的对中国的好感度调查，从 2007

年迄今，有些国家对中国是始终如一的评价高，比如俄罗斯和巴基斯坦；有些国家是始终如一的评价低，比如日本和越南，这似乎就无关软实力。

当然，很多学者发展了一些与一国软实力相关的测量指标，比如英国学者和政策分析家西蒙·安霍尔特（Simon Anholt）提出的“安霍尔特—捷孚凯国家品牌指数”（Anholt - GFK Roper Nation Brands Index），从“商品”、“治理”、“文化”、“人民”、“旅游”、“投资与移民”六个维度测量一个国家的品牌形象，是应用范围比较广的测量指标。当然它也是采用民调的方法，不过因为指标多元，就可以提供一个比好感度更为立体的形象。

除此之外，分析其他国家的媒体和学者对本国的认知和评价，也是了解一国软实力的有效方式。这些方式特别适用于考察他国对本国的制度、外交政策等的认同度。一些客观的数据也可用于测量软实力的状况，比如本国的图书被翻译成外文的情况、外国进口我国文化产品的情况等等，这在软实力范畴里是属于思想层面的。这些还有很多的空间需要我们进一步地推进。

不过，我特别想强调的一点是，软实力不仅仅是客观可衡量的指标，它很大程度上是一个主观上的认知。所以软实力就带有了我们与很多相关群体博弈的成分，这也是姚遥老师一再申明的问题。尤其是在当前，基于地理学的传统地缘政治观念，正在受到数字时代以想象为基础的地缘政治观念的冲击，想象的地缘政治借助文化、信仰、情感的地理分布发挥作用，从而为个体、群体等的认知及社会化提供镜像支持。正如美国兰德公司的研究人员大卫·朗斐德（David Ronfeldt）与约翰·阿奎拉（John Arquilla）所提出的观点，我们正身处于一个想象的“心灵域”（noosphere）的共同体中，在这一领域所开展的外交决策活动被称为“心灵政治”（noopolitik）。我想这其中被认知和接纳的是什么样的价值体系，似乎仍然无法逃脱“谁的语言和信息最终获胜”的困境。也正因此，我们需要更多张广生老师提出的思考，除了技术，我们如何以强大的自我应对这场挑战？

好了，再次感谢大家的参与，我知道所有老师都有很多的东西要跟大家去分享，但由于时间关系，我们的研讨会就到这里。感谢大家的支持。希望我们的讨论不会止于这场会议，会后大家能开展更多的研讨甚至合作研究才是更有价值的。谢谢。